U0692907

国际时尚设计丛书·营销

时尚品牌与传播
欧洲奢侈品牌核心战略

[美]金炳昊 [意]埃琳娜·塞德罗拉 编

赵春华 任 力 李傲君 译

中国纺织出版社有限公司

内 容 提 要

时尚品牌传播是企业的核心战略，传播作为品牌力塑造的主要途径，它关注的不仅是影响力，还有最终产生的商业价值。书中展示了很多奢侈品与时尚产业中的精彩实战案例，这些品牌在过去的全球化扩张过程中始终保持着自身的品牌DNA。本书将这些传播策略与渠道进行多角度的解析，并运用不同的市场营销组合工具来具体分析，指明了时尚产业中品牌与传播遇到的挑战和未来发展趋势，为时尚品牌实现更高的商业价值和国际知名度提供了大量参考意见。同时，带领读者全面领略到时尚产业的运作模式，无论是对奢侈品和时尚行业的从业者，还是对服装、管理、营销类的学生来说都具有很高的参考价值。

First published in English under the title

Fashion Branding and Communication:

Core Strategies of European Luxury Brands

edited by Byoungho Ellie Jin and Elena Cedrola

Copyright © Byoungho Ellie Jin and Elena Cedrola 2017

This edition has been translated and published under licence from

Springer Nature America, Inc.

本书中文简体版经Springer Nature America, Inc. 授权，由中国纺织出版社有限公司独家出版发行。本书内容未经出版者书面许可，不得以任何方式或任何手段复制、转载或刊登。

著作权合同登记号：图字：01-2019-5087

图书在版编目（CIP）数据

时尚品牌与传播：欧洲奢侈品牌核心战略/（美）金炳昊，（意）埃琳娜·塞德罗拉编；赵春华，任力，李傲君译 . -- 北京：中国纺织出版社有限公司，2020.8

ISBN 978-7-5180-7540-9

Ⅰ.①时… Ⅱ.①金… ②埃… ③赵… ④任… ⑤李… Ⅲ.①消费品－品牌战略－介绍－欧洲 Ⅳ.① F760.5

中国版本图书馆CIP数据核字（2019）第228383号

责任编辑：谢冰雁　　责任校对：王蕙莹　　责任印制：王艳丽

中国纺织出版社有限公司出版发行

地址：北京市朝阳区百子湾东里A407号楼　邮政编码：100124

销售电话：010-67004422　传真：010-87155801

http://www.c-textilep.com

中国纺织出版社天猫旗舰店

官方微博 http://weibo.com/2119887771

北京玺诚印务有限公司印刷　各地新华书店经销

2020年8月第1版第1次印刷

开本：880×1230　1/32　印张：6.75

字数：157千字　定价：68.00元

凡购本书，如有缺页、倒页、脱页，由本社图书营销中心调换

献给我的父母，他们教会我勤勉、正直、真诚的美德

金炳昊（Byoungho Jin）

献给我人生中最伟大的女性：罗萨尔芭（Rosalba）、

埃琳娜（Elena）以及凯瑟琳（Caterina）。

埃琳娜·塞德罗拉（Elena Cedrola）

更多献给《时尚品牌与传播》的赞美

"本书展示了很多奢侈品与时尚产业中的精彩实战案例。这些品牌在过去的全球化扩张过程中，始终保持着自身的品牌DNA。该书阐述了品牌发展在时间与空间跨度上保持战略一致性的重要意义，这对在奢侈品品牌和时尚产业中从事市场营销工作的人来说具有一定的启发性。"

——法国，法国北方高等商学院（EDHEC Business School），市场营销系教授，玛丽·塞西尔（Marie-Cecile Cervellon）博士

"本书选材佳，立意新，让读者跟随企业的发展思路，比较全面地领略到了时尚产业的运作模式。对于理解时尚产业的复杂性来说，是一本很好的教科书。"

——瑞典，斯德哥尔摩大学，斯德哥尔摩经济学院，哈坎·普雷霍尔特（Hakan Preiholt）博士

"本书十分有趣，指明了时尚产业中品牌与传播遇到的挑战和未来的发展趋势。书中甄选的案例，对众多时尚从业者尤其是对工商管理硕士（MBA）学生来说具有里程碑式的教育意义。"

——意大利，米兰，Consilia商业管理合伙人，卡罗·阿洛塔（Carlo Arlotta）博士

前　言

　　企业都梦想着创造出自己的知名品牌来，对于时尚企业来讲更是如此。品牌名称是企业最关键的成功要素，在消费者决策中起着决定性的作用。因为如今的消费者并不怎么追求服装的功能性，他们看中的是服装的风格，以及品牌符号的象征形象和所传递的梦想——品牌可以帮助他们塑造身份的多种要素。因此，在时尚产业中，品牌是很多企业都努力去建立、维护和拓展的资产。当然，对于品牌的研究是复杂的，因为没有哪个单一的因素在其发展中起决定性的作用。为了阐明这个复杂的主题，我们在研究了之前的诸多品牌理论著作的基础上，专门围绕案例编成本书。我们尤其将重点放在以法国及意大利为代表的欧洲高端奢侈品牌上，因为它们有巨大的品牌影响力和传播影响力。奢侈品战略的发展根源在欧洲，法国和意大利的一些公司是先行者。本书将重点研究四大意大利品牌：哈蒙布莱恩（Harmont&Blaine）、菲拉格慕（Salvatore Ferragamo）、托德斯（Tod's）和普拉达（Prada），以及法国品牌路易威登（Louis Vuitton）。每个案例的撰写者，要么来自品牌所在地区，为该品牌提供过市场营销方面的咨询，要么对品牌有过深入的研究。他们与品牌之间的紧密联系，使我们能够读到对企业高管的访谈，看到企业的档案资料，这些内容弥足珍贵，很难获得。正是因为案例撰写者的这些宝贵经历才使我们得以编成此书，这些内容很难从其他地方采集到。

本书先以一个总览章节开篇，营造一个全局化背景，有助于读者全面理解后面的五个案例。该章还将重点介绍与品牌、传播相关的一些重要概念，尤其是与欧洲和美国著名时尚品牌相关的内容。第一章并不是要总结品牌与传播的相关理念。相反，该章有以下两个专门目的。首先，探究了以往在品牌与传播研究中常被忽视的几个方面；特别突出了欧洲西部的时尚产业，探讨了该地区具体的品牌发展案例。其次，该章阐述了时尚产业所面临的重大挑战和产生的变化，这为读者解读随后的五章打下基础，因为这些挑战与趋势会在后面的案例中反复出现。

这五个案例在品牌管理和传播上虽然各具特色，但彼此之间有着很高的相似性，尽管它们并不是因为相似性被选入本书的。第一，这五个品牌都是通过企业内部的各种措施不断创新，严格控制产品质量。例如，菲拉格慕的鞋履专利就是很好的证明；为了把控质量，哈蒙布莱恩和菲拉格慕将生产地点主要集中在意大利，雇佣小型的传统工作坊，利用传统技艺和制作设施。实际上，这些企业中大多数都是从小镇上的作坊起步的，这样的经历培养了企业的工匠精神，并一代一代传承下去。

第二，这五个品牌都是时尚界国际化扩张和品牌拓展的先行者。哈蒙布莱恩（第二章）创建20年出头便出口至全球50多个国家，出口额约占总销售额的20%。菲拉格慕（第三章）和托德斯（第四章）的海外销售额更是分别占销售总量的80%和70%。而普拉达（第五章）和路易威登（第六章）的海外销售额则分别占销售总量的90%和86%。此外，菲拉格慕如今已扩张到全球99个国家，托德斯则拓展到37个国家。

第三，这五个品牌都持有家族基因，家族后代继承者仍然继续掌控和运营着品牌，将企业在家族内世代相传。这种所有权制有助于保持家族品牌理念和品牌遗产传承的活力。

第四，这些公司重视与分包商的长期合作关系，注重企业的社会责任示范作用，以及对社会的奉献精神。总体来说，这些道德规范也能帮助它们塑造企业形象和对产品质量的承诺。

第五，尽管每个品牌的战略都有独到之处，但几乎上述五个企业都在发展一种充满创新性的"去商品化"战略——如菲拉格慕通过企业博物馆和艺术展览来实现该战略；托德斯则通过讲述戴安娜王妃（Princess Diana）和杰奎琳·肯尼迪（Jacqueline Kennedy）等名人与品牌之间的故事来表达；而普拉达靠与著名建筑师合作设计了充满先锋感的中心概念店（Epicenters）；路易威登则与日本顶尖涂鸦艺术家合作，实行其品牌艺术化战略。

这些案例展示了一个个来自小镇的家庭式作坊，如何在短时间内成长为全球化的高端品牌乃至奢侈品牌。这并非仅是品牌营销和品牌建设的结果；更多的则是品牌战略的实施和对产品的热爱促使这些公司获得成功的。这些案例证明，品牌发展最有效的战略就是一直保持其产品质量。每天都会有许多小公司出现、消失，品牌构建与传播是企业持续发展的关键。因此，我们希望本书中的策略能够为那些有发展潜力的公司提供具有启发性且实用的见解。

本书的出版离不开众多人的支持。首先我们要真挚地感激书中提到的来自五家企业的高管和市场营销传播总监，感谢他们拨冗来与我们分享他们的故事，并且审阅了前几稿。他们的真知灼见会激励众多未来的企业管理者。我们还要特别感谢每一章的作者，他们与主要受访者进行了多次访谈，亲自走访了企业总部、博物馆、行业协会，收集视频材料和文字档案，然后对这些具有重要价值的资料进行了认真整理。更有意义的是，这些信息是以多种语言形式呈现的：法语、意大利语和英语。我们很幸运地得到了前任及现任研究助理的支持，特别要感谢金娜恩（Naeun Lauren Kim）为本书查找资料，并检查了书的格式和参考文献。我们还想感谢安娜·恰佩利（Anna Chiappelli），她协助我们收集了相关的图书信息并进行了数据分析。

美国 北卡罗来纳州 格林斯博罗市　金炳昊

意大利 马切拉塔省　埃琳娜·塞德罗拉

目　录

第一章

作为核心资产的品牌：时尚企业品牌管理中的趋势与挑战

金炳昊 & 埃琳娜·塞德罗拉

Byoungho Jin & Elena Cedrola

摘要：品牌在时尚业的重要性不容小觑。本章将概述时尚品牌管理的要素，讨论与品牌、品牌资产、时尚品牌发展和管理、品牌传播相关的概念。时尚品牌传播部分将介绍新兴社交媒体、时尚博客与传统媒体在奢侈品牌以及高端时尚业中的应用。本章还将讨论时尚品牌与传播所面临的挑战和趋势；奢侈品牌所面临的主要挑战，如造假、大众商品化、品牌稀释、品牌规避等问题，并列出颇具代表性的案例。并将在随后的文章中详述时尚品牌管理和传播：奢侈品牌布局线上销售、发布限

金炳昊（联系地址）
美国北卡罗来纳州立大学格林斯堡分校，布莱恩商学院，消费者、服装和零售研究系

埃琳娜·塞德罗拉
意大利马切拉塔大学，经济与法律系

©作者（年代）2017
金炳昊、埃琳娜·塞德罗拉（编），时尚品牌与传播，Palgrave案例研究：全球时尚品牌管理，
DOI 10.1057/978-1-137-52343-3_1

量版联名产品、进行游击营销、推出快闪店，以及通过构建体验空间来巩固品牌价值。

本章将用案例阐释主要概念，帮助读者从宏观层面上理解主题，以及从品牌战略角度理解本书中五个欧洲奢侈品牌与高端品牌的案例。

关键词： 时尚品牌；品牌价值；品牌组合；品牌扩张；品牌传播

概　述

时尚企业的运营中，最重要的资产就是品牌。经营企业需要一系列的资产，比如一座大楼、一家工厂、一间办公室、一个店铺、一批管理者和雇员、一个品牌、技术、专利，等等。这些资产中的大多数都是可以被替代的——大楼、工厂、办公室、雇员，甚至是管理者。对很多时尚公司来说，工厂可能都不是必需的，例如盖璞（Gap）、耐克（Nike）以及阿玛尼（Armani）。没有任何生产设备也不会影响这些企业的运营，但品牌是永久的资产。对全球知名品牌来说，品牌的价值要比一切有形的财产（如建筑、工厂、办公室、商店等）加起来还要重要。品牌的价值通常被称作"品牌财产"（brand asset），可以用货币价值来表达。根据英图博略品牌咨询公司（Interbrand）（2015）[①]的数据，拥有最高品牌资产的企业是苹果（Apple），价值1702.76亿美元。品牌资产排名中第二的是谷歌（Google），价值1203.14亿美元。紧随其后的是可口可乐（Coca-Cola）、微软（Microsoft）和国际商用设备公司（IBM）。路易威登排在时尚品牌的首位，在全部排行中位列第20名，海恩斯莫里斯（H&M）排在第21名，分别估值222.5亿美元和222.22亿美元，接近2015年爱沙尼亚的国内生产总值。品牌的重要性显而易见。一家OEM（代加工制造商）的利润通常约为2%，但像苹果公司这样的国际品牌，企业利润可高达30%［库马尔和斯坦坎普（Kumar & Steenkamp），2013］。

品牌财产对于任何一家企业来说都是有价值的，特别是在时尚产业，其中大部分资产都是无形的，这时品牌财产就变得非常关键。一家企业对品牌和创新这类无形财产的依赖可以用"托宾Q"系数（Q比率）或企业无形资产价值的占比来衡量。根据国家零售业联合会统计，Q比率在服饰鞋履行业是最高的，其中价值最高的是法国奢侈品牌爱马仕（国家零售业联合会，2016）。

服饰鞋履行业的Q比率之所以居高不下，是因为相较于电子产品和汽车，很难评判这些产品的质量，因为品牌和形象从根本上影响了它们的品质（库马尔＆斯坦坎普，2013）。此外，由于行业准入门槛较低，时尚品牌的竞争非常激烈。对于很多消费者来说，品牌可以成为购买决策中的唯一重要标准。

时尚企业将品牌战略性设于核心地位。随着技术的发展和社交媒体的普及，时尚企业的品牌策略和传播方式正在迅速变革。在介绍品牌、品牌资产、品牌分类、品牌发展基础和品牌管理过程等相关概念后，本章会介绍时尚行业中传统和新兴的品牌传播方式。最后，本章将选取国际时尚品牌的案例，详述品牌管理和传播中面临的挑战与机遇。

品牌的概念与分类

品牌与品牌资产

品牌是购买行为中的重要组成部分，它是有形资产和无形元素的集合，可以让消费者迅速了解一个产品的内在特性及生产商的品质。品牌运用一系列符号传播非有形的特征和产品的风格密码，以唤起特定的情绪［恰佩伊（Ciappei）＆苏尔奇（Surchi），2011］。也就是说，产品中能够产生情感共鸣的符号性元素相较于产品的功能属性，更能使产品与众不同。这种品牌的战略价值就是"品牌资产"（brand equity）。

大卫·艾克（David Aaker）在其著作《品牌资产管理》（*Managing*

Brand Equity）中提出了品牌资产这个概念，将它定义为"一系列与品牌名称和符号相关的资产和负债，它们可以增加或减少产品或服务的价值"（艾克，1991，第15页）。将品牌与"资产""权益"联系起来，从根本上改变了市场营销的目的，让营销在传统策略的基础上进行发展。品牌资产通过提升市场营销活动的效率和效果，为公司提供价值；它还通过高额售价以及减少产品对促销的依赖，为产品提供可观的利润。同时它还可以为品牌扩张提供发展的平台，这点会在后文中详述。

与此同时，品牌资产改善了消费者的体验，提高他们理解和处理信息的能力，让他们在购买决策中更有信心（艾克，1992）。

艾克提出用一个模型来展现品牌资产如何为公司产生价值，该模型共包括四个方面：品牌忠诚度、品牌认知度、品牌联想和品质认可度。品牌忠诚度衡量了人们对品牌的忠诚程度，忠诚的消费者对于竞争者的价格以及其他方面的敏感度较低，明显提高了竞争者的准入门槛。品牌忠诚度还可以帮助公司节约营销成本，因为留住一个忠实消费者比获得一个新顾客成本要低，因此，很多公司将品牌忠诚度看作是终极目标。品牌认知度是公众对其了解的程度，由品牌自身触发。品质认可度是公众对品牌提供高质量产品程度的认可。其他品牌专有资产还包括专利、知识产权、与贸易伙伴的关系。一个品牌积累的资产越多，它的竞争优势就越大（艾克，1991）。

时尚品牌的分类

在时尚产业，品牌可以按不同要素分类。基于目标细分市场或定位策略，品牌可被分为四类：特制品牌、奢侈品牌、高端品牌和大众市场品牌［哈梅德（Hameide），2011］。如图1.1总结了每种品牌的生产过程和价值表现。品牌的价格越高，目标受众就越少，因为这意味着越少的人能买得起。

特制品牌（Griffe），或设计师品牌，位于金字塔的顶端。特制品这个词源于手稿，指的是在工作室中生产的纯手工制作的物品。可以说它是独一无二的、不能复制的，且是永恒的。圣罗兰（Yves Saint Laurent）就是特制品牌的一个典型案例［科普菲尔（Kapferer），1999］。一些著名的设计师品牌往往也会提供低一层级的奢侈产品线，例如迪奥（Dior）既生产特制产品，也推出奢侈产品系列。

图1.1中的第二类是奢侈品牌，它既可以源于设计师品牌，如迪奥和香奈儿（Chanel）；还可以源于制作工艺，如古驰（Gucci）和路易威登。奢侈品牌有六个特点：卓越的品质，高昂的价格，稀缺性和唯一性，审美价值和多重感官享受，历史传承性和个人经历，以及非必需性［杜布瓦（Dubois）、劳伦特（Laurent）& 策勒（Czellar），2001］。尽管一些技艺已经逐渐被机器取替，奢侈品的必要元素依旧是手工制作、唯一性、独特性和艺术风格。

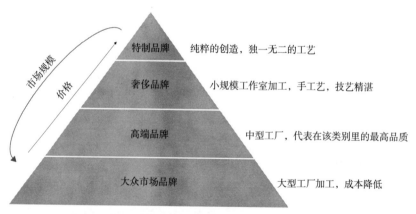

图1.1 时尚品牌的分类［来源：科普菲尔（2008），第98页］

奢侈品牌提供出色的品质、稀缺性和独特性、卓越的审美价值以及多重的感官享受——这一切都让产品拥有高昂的价格。

奢侈品牌还拥有历史传承、设计师和文化历史以及地理溯源的特性［科普菲尔 & 巴斯蒂安（Bastien），2010］。很多奢侈品牌都拥有悠久的历史（表1.1），它们展示的手工艺传承与文化遗产相关——例如英国的

古典主义和量身剪裁，意大利的浪漫主义以及法国的高级定制和艺术性
（科普菲尔 & 巴斯蒂安，2010）。奢侈品牌，如菲拉格慕，还与名人的故
事相关。本书第三章将介绍菲拉格慕这个名字是如何同时成为一个品牌
以及公司名称的。

表1.1 主流奢侈品牌的成立时间

成立时间（年）	品牌
1837	爱马仕（Hermès）
1847	卡地亚（Cartier）
1856	博柏利（Burberry）
1854	路易威登（Louis Vuitton）
1913	普拉达（Prada）
1915	香奈儿（Chanel）
1919	巴黎世家（Balenciaga）
1921	古驰（Gucci）
1925	芬迪（Fendi）
1927	菲拉格慕（Salvatore Ferragamo）
1945	皮埃尔·巴尔曼（Pierre Balmain）
1946	克里斯汀·迪奥（Christian Dior）
1952	纪梵希（Hubert de Givency）
1960	华伦天奴（Valentino）
1962	圣罗兰（Yves Saint Laurent）
1965	伊曼纽尔·温加罗（Emanuel Ungaro）
1966	宝缇嘉（Bottega Veneta）
1975	乔治·阿玛尼（Giorgio Armani）
1976	让·保罗·高提耶（Jean-Paul Gaultier）
1978	范思哲（Versace）
1987	克里斯汀·拉克鲁瓦（Christian Lacroix）

注：作者根据哈梅德（2011）资料改编。

奢侈品牌最后一个特性是它的非必需性。奢侈品牌经常被描述为"那些没有人真正需要，但是每个人都渴望得到的品牌"（哈梅德，2011，第110页）。在19世纪以前，奢侈品都是为皇室、贵族和上层阶级制作的。正因如此，奢侈品牌往往暗喻着成功与地位，消费者可以通过拥有奢侈品获得更高社会阶层的身份象征。

图1.1中的第三个品牌类别是高端品牌，也叫轻奢品牌或新奢侈品牌。高端品牌同时具有奢侈品牌和大众市场品牌的元素，"从价格上来说，它们处于大众市场的顶层，同时又比奢侈品牌更易获得"（哈梅德，2011，第26页）。高端品牌不断地改进产品和品牌策略，以相对较高的价值推出了奢侈品的替代品。高端品牌又可分为以下三类［西尔弗斯坦（Silverstein）＆菲斯克（Fiske）］。

- 特级精品：价格位于高端品牌的顶端，例如安普里奥·阿玛尼（Emporio Armani），这些品牌的目标消费阶层仅次于传统的奢侈品消费者。
- 奢侈品牌副线：那些传统上只有富裕阶层才能消费得起的品牌推出的低价产品，例如华伦天奴成衣（Valentino Prêt-à-Porter）。
- 大众精品：价格仅次于特级精品和奢侈品牌副线，例如维多利亚的秘密（Victoria's Secret）。它常常是大众产品中价格最高的，并且质量最优的。

高端品牌战略成功的决定性因素在于品牌的名气、产品的差异，以及一个看上去合理的高定价。企业需要投入资源，围绕品牌创造一个有声望的环境，以提升公众对品牌的期望。这样的环境可以通过一些方式实现，例如入驻知名街区或百货商店，在华丽的杂志上投放广告以及发布时装秀，或是邀请知名设计师加入。同时，较高的价格导致了大众市场接触品牌的局限性。因为在理想状态下，中产阶级消费者只能偶尔接触奢侈品牌［张（Truong）、麦科尔（McColl）＆基钦（Kitchen），2009］。

图1.1中最后一个品牌种类是大众市场品牌。这些品牌的产品都是

大批量生产、广泛分销的，销售定价较低，但其质量水平是可以接受的（哈梅德，2011）。这类品牌迎合了广泛的消费者群体，利用时尚界知名设计师的流行趋势生产成衣。为了节省金钱和时间，他们使用更便宜的面料和更简单的技术，可以很轻松地用机器生产。大众市场品牌迎合了大部分的消费者，通常出现在大众零售商场，例如特易购（Tesco）、沃尔玛（Wal-Mart）、玛莎百货（Marks & Spencer）或者一些服装专卖店如老海军（Old Navy）。

时尚品牌也可以根据其分销策略分为全国品牌（制造商品牌，由一个供应商自行设计、生产与销售，并分销给许多不同的零售商）或自有品牌（产品由零售商发展与管理）。自有品牌也被称为零售品牌、私人标签和商店品牌［赫斯坦（Herstein）& 甘利尔（Gamliel），2006］，即零售商自己的品牌，而不是生产商和设计师的，通过委托生产，以自己商店的名义销售产品，并拥有在其零售商店独家销售该品牌的权利［赫斯坦，吉尔博（Gilboa）& 甘利尔，2013］，如美国梅西百货公司的自有品牌Club Room、INC和阿尔法尼（Alfani）。而盖璞（Gap）、安·泰勒（Ann Taylor）、海恩斯莫里斯（H&M）、Top Shop、Next和Oviesse等连锁零售商主要是在他们的商店出售自有品牌，往往其品牌和商店名称是相同的（哈梅德，2011）。自有品牌的目标覆盖大众市场到高端人群，很多零售商还在不断开发更多的自有品牌以实现差异化。相比之下，制造商品牌则直接由其生产人员来生产，品牌出现在全国各个商店，因此也被称为全国品牌。

时尚品牌的发展和管理

当一个品牌拥有自己的名字并受到版权保护时，这个品牌就诞生了。一个品牌的诞生对于企业来说能起到决定性的作用，因为品牌可以传播他们的需求、价值和愿景。在品牌发展中，最重要的策略是定位。

这项任务可以通过回答四个问题来完成：品牌的优势和目的是什么？谁是潜在的目标消费者？可以支持并且创造这些优势的差异点是什么？竞争对手是谁？这个定位过程塑造了品牌的产品组合和品牌形象（科普菲尔，2012）。当一家企业完成了品牌定位，还需要将品牌传播给它的消费者，这将在下一部分进行讨论。随着企业的发展，单一品牌并不能满足消费者多样化的需求和日益增长的市场份额。正因如此，很多公司选择去扩张原始品牌。接下来的部分将关注品牌发展的两个重要决策：品牌扩张和品牌组合战略。

品牌扩张

品牌扩张是以一个已建立的知名品牌来发布一系列新的产品或品类［凯勒（Keller）& 艾克，1992］，这是在时尚产业中使用最多的发展战略。鉴于新产品的发展需要高昂的成本并且成功率较低，品牌扩张是时尚企业利用现有品牌价值提高市场份额的经济选择［艾克 & 凯勒，1990；陶伯（Tauber），1998］。主导品牌扩张的品牌被称为"母品牌"。品牌扩张通常分为两种：水平扩张（又被称作品类扩张）和垂直扩张（或者称为产品线扩张）（图1.2）。品牌的水平扩张可以产生一个目前尚未形成但与现有品牌保持同一价格区间和质量水平的新产品类别［金姆（Kim）、拉瓦克（Lavack）& 史密斯（Smith），2001］。普拉达推出香水和眼镜就是品牌水平扩张的案例之一，这些产品与母品牌的价格范围和质量水平持平。品牌也可以进行垂直扩张，在同一个产品类别中向上扩张，定位于一个更高端的市场；或是向下扩张，面向对价格更敏感的消费群（金姆，等人，2001）。在时尚产业，垂直向下的扩张比垂直向上的扩张更常见，许多高端时尚品牌利用他们金字招牌的价值，提供相对低价的产品（科普菲尔 & 巴斯蒂安，2009）。这样的案例有乔治·阿玛尼旗下的安普里奥·阿玛尼和 Armani Exchange（阿玛尼旗下的休闲潮流系列），卡尔文·克莱恩（Calvin Klein）旗下的CK以及唐娜·凯伦（Donna Karen）

旗下的唐可娜儿（DKNY）和 DK（图1.3）。

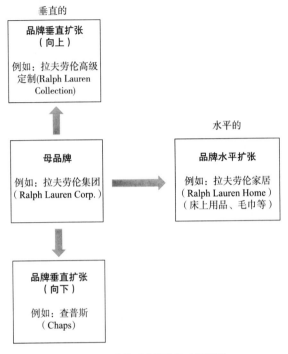

图1.2 品牌的垂直扩张和水平扩张

拉夫劳伦（Ralph Lauren）有十六个品牌层级，从他们最高级别的拉夫劳伦秀场品牌系列——拉夫劳伦高级定制，到面向大众市场，即对价格更敏感的消费者所在的层级，且价格最低的品牌查普斯（拉夫劳伦，2013）。通过品牌扩张，时尚公司可以获得高收益——缩减发展新品牌的成本，其中包括引入市场和后续营销计划的费用，以及巩固品牌形象和提高市场覆盖的相关投入。但品牌扩张存在的主要问题是具有稀释母品牌形象以及使消费者混淆的风险（艾克，1991；金姆，等人，2001）。我们随后将会在阐释时尚奢侈品牌面临的挑战和问题时进一步讨论品牌稀释。

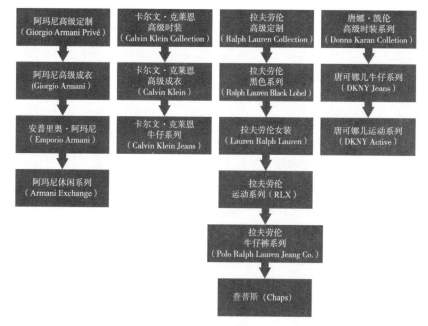

图 1.3　品牌垂直扩张案例（来源：作者整理）

品牌组合战略

　　除了品牌扩张，企业得以发展的另一种方式是创造新品牌来满足现有品牌无法满足的需求。一家企业可以运营多个品牌，或者一个品牌组合。一个品牌组合被定义为"同一家企业拥有的一系列品牌"［雷泽布（Riezebos），2003，第184页］，或者"由同一家企业提供，在一个特定品类中的所有品牌及其延伸"（凯勒，1998，第522页）。如何运营和管理一系列品牌的决策被称为"品牌组合战略"或"多品牌战略"。术语"品牌架构"描述了品牌组合的组织与结构，以说明品牌的角色、不同品牌之间的关系以及不同品类市场环境的关系。良好地发展和管理品牌架构以定位明晰、品牌协同和品牌杠杆，是品牌架构的三大目标［艾克 & 约阿希姆斯塔勒（Joachimsthaler），2002］。品牌组合战略中的主要问题是企业内各品牌之间的关系确定和领域划分。新品牌和组合中其他品牌之间协调不当，可能导致混乱的组合。同样地，公司需要对每个品牌都设置长远的计划，需要谨慎地定义品牌的角色和关系（凯勒，1998）。

品牌组合战略的两个主要方式为：单一品牌领导（branded house）和多品牌组合（house of brands）。单一品牌领导的典型案例是阿玛尼。每一个子品牌都以阿玛尼命名：安普里奥·阿玛尼、阿玛尼家居（Armani Casa）、阿玛尼牛仔（Armani Jeans）、阿玛尼童装（Armani Junior）、阿玛尼咖啡馆（Armani Caffe）、阿玛尼花艺（Armani Fiori）、阿玛尼酒店（Armani Hotel）等（哈梅德，2011）（图1.4）。雨果博斯（Hugo Boss）是另一个单一品牌的案例。他们的品牌组合包括五个以颜色区分的品牌。黑色品牌标识的雨果博斯提供综合的产品范围，包括优雅商务套装、休闲运动服装和晚装。另一黑色品牌博斯精选（Boss Selection）则提供优质的产品品类。橙色的博斯专注休闲时尚，而绿色则专注于高尔夫系列。红色品牌标识雨果（Hugo）是面向男士和女士的，提供打破传统的前卫时尚。

单一品牌策略的投资对于新品牌来说是最小化的，因为它借用了成熟品牌的名称和地位。这个方法可以满足品牌架构的三个目标：定位明晰、品牌协同和品牌杠杆。其优势在于能够有效地提升品牌价值，提高市场营销的效率；其劣势在于，如果组合中的一个品牌失败了，其他品牌也会随之受到影响。

另外一个策略是多品牌组合，它包含独立和不相关的品牌。公司名称通常并不引人注目，消费者甚至都不知道品牌属于哪家企业（艾克 & 约阿希姆斯塔勒，2002）。一个多品牌组合的典型案例为威富集团（VF Corportation）[②]，它拥有并管理着三十多个服装品牌。品牌组合中的主要品牌有北面（North Face）、诺帝卡（Nautica）、李（Lee）、威格（Wrangler）、添柏岚（Timberland）、吉普林（Kipling）和杰斯伯（Jansport）。在这种策略下，品牌之间的联系被弱化，从而有助于建立

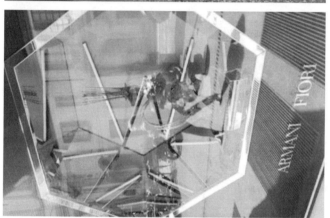

图1.4 位于意大利米兰曼左尼路（Manzoni road）上的阿玛尼咖啡厅（Armani Caffé）、花店（Armani Fiori）、酒店（Armani Hotel and Ristorante）（由左至右）（来源：埃琳娜·塞德罗拉2016年4月摄于米兰）

一个专注于特定市场的独立品牌形象。虽然这种方法的市场营销效率不高，但它让企业能够避免单一品牌领导多产品策略带来的负面影响。

多品牌组合的另一个例子是法国奢侈品集团路威酩轩，它拥有五十多个主流奢侈品牌，覆盖多个市场领域，如时装及皮革制品、出版及媒体、葡萄酒及烈酒等（见本书的第六章）。其他成功的奢侈品集团如开云集团（Kering）、普拉达集团和历峰集团（Richemont）也在品牌组合中采用了多品牌战略。与威富集团相似的是，消费者熟知其旗下的每一个品牌，但是很难将品牌与所属的集团联系起来。

时尚品牌传播

与目标市场和各股东进行沟通，对于时尚品牌的发展和运营起着至关重要的作用。随着互联网和社交媒体的持续发展，越来越多的全球性时尚品牌基于各种各样的目的来使用这些工具。首先，我们会概述传统的时尚传播组合，如广告、名人代言、公共关系与活动、人员推销、品牌故事和时尚传奇；之后，将引用一些著名的案例来讨论新兴媒体，如社交媒体和博客在传播中的应用。

广告

广告在时尚产业传播策略中占据重要的位置。传统的时尚企业，特别是依赖形象的奢侈品牌，更偏爱纸质媒体。奢侈品牌传播的目的不仅仅是为了销售，更是为了让消费者产生对品牌的认同感。这类品牌通常采用传统专业的时尚杂志，如《时尚》（Vogue）、《ELLE》（Elle）、《智族GQ》（GQ）等，去传播品牌，宣传它们的形象。这也是为什么一本时尚杂志中约有75%的内容是广告［谢瓦利埃（Chevalier）& 马扎罗夫（Mazzalovo），2008］。但随着数字时代的到来，纸质媒体的使用也在逐步减少［格伦尼（Glennie），2015］。

时尚杂志曾有过两次引人注目的革新。1993年，菲拉格慕首次采用折叠式插页——一个可以折叠两到三次的封面。这一小小的改变让这个意大利奢侈品牌在美国市场中的业务联系相比前一年翻了一倍。另一项创新是在杂志中附赠化妆品或香水的试用装，以达到营销的目的，这个发明在后来衍生为附赠配饰，如手镯。

在时尚产业中，户外广告牌是另一种广告形式。虽然它属于传统媒介，但近年来科技创新提升了它们的质量，使其又成为一种流行趋势。与媒体相比，广告牌的价格并不便宜，例如在威尼斯的公爵宫（Ducal Palace）租用一个广告展位，每月需要花费四万欧元［卡佩拉里（Cappellari），2011］。尽管成本高昂，广告牌依然是一种有效的传播方式，相比其他传播方式（如无线电广播），图文结合的方式更能够提高消费者的参与感。

名人代言

名人可以帮助广告脱颖而出［埃尔多安（Erdogan），1999］，吸引消费者的注意。这种方法可以在消费者与品牌之间建立积极的联系，促进品牌形象传播。例如，耐克将篮球巨星迈克尔·乔丹（Michael Jordan）的形象作为品牌形象必不可少的一部分，融入品牌。为了有效地利用名人代言，品牌所传播的形象必须与所选择的人物相一致。

名人代言已经成为很多公司品牌策略的常见手段，特别是奢侈品牌。例如，范思哲（Gianni Versace）聘请模特做代言人。著名的演员、明星或杰出的运动员也可以取代模特。例如，索菲亚·科波拉（Sofia Coppola）为马克·雅可布（Marc Jacobs）代言，凯拉·奈特利（Keira Knightley）为爱丝普蕾（Asprey）代言，以及亚当·布罗迪（Adam Brody）为杰尼亚（Ermenegildo Zegna）代言。

代言人的负面新闻是明星代言传播方式的主要风险，特别是那些与品牌有长久合作关系的明星［蒂尔（Till），1998］。如凯特·摩斯

（Kate Moss），她在 2005 年代言了香奈儿的香水——可可小姐（Coco Mademoiselle），同时还是海恩斯莫里斯（H&M）和博柏利的代言人。在英国小报爆出她使用可卡因后，品牌就解除了与她合作的合同。除了代言人的品性要正直，品牌还必须选择一个可以长期合作的代言人。否则，公众无法将代言人与品牌联系起来，会认为此代言合作只是一个简单的商业战略［帕西科夫（Passikoff），2013］。

公共关系与活动

公共关系（public relations，PR）是指有计划且持续地建立并维系企业和公众之间的友好关系，该方式有助于两者之间的相互理解［布莱思（Blythe）& 塞德罗拉，2013］。公共关系旨在影响消费者对品牌的感知，并在企业和其利益相关者之间建立良好的关系。在时尚和奢侈品行业，公关活动是一种越来越普遍且影响深远的策略，并吸引了媒体的关注。

在时尚行业中，诸如时装秀和门店开业庆典的活动是常见的公关手段（谢瓦埃 & 马扎罗夫，2008）。不论是对新晋设计师还是知名品牌，时装秀都很重要，它的首要目的是告知媒体和消费者该品牌的产品、价值和定位。大众品牌通常会举行内部时装秀，向员工和制造商展示新产品。奢侈品设计师则会在时装周上面向目标消费者和国际媒体展示他们的创意［杰克逊（Jackson）& 肖（Shaw），2009］。时装秀亦可以战略性地用于恢复品牌形象。1997 年，罗斯·玛丽·布拉沃（Rose Marie Bravo）出任博柏利首席执行官后，公司利润大幅下跌，为挽回业绩，博柏利在米兰举行了一年两届的博柏利·珀松（Burberry Prorsum）时装秀。这是博柏利里最高档的系列，专门发布走秀款以帮助公司重获正面形象，提高销量［摩尔（Moore）& 伯特威斯尔（Birtwistle），2004］。

新门店开业是另一项可以进行战略性品牌推广的公关活动。博柏利决定在伦敦最具特色的新邦德街（New Bond Street）开设旗舰店，店铺周围有很多成功的奢侈品牌门店，如古驰、范思哲和普拉达。新店开业增加了企业在主流媒体中的曝光率（摩尔＆伯特威斯尔，2004）。

赞助是公关活动的另一种形式。比如国际上久负盛名的马术比赛——巴黎的爱马仕大奖赛（Grand Prix Hermes），这个活动让爱马仕强化了品牌与竞技、传统、贵族态度等概念之间的联系。

最后一种公关活动形式是高端的典礼，以及一些可以让品牌与明星合作的场合，如MTV音乐电视大奖、格莱美奖、奥斯卡以及法国戛纳电影节。一个代表性案例是理查德·盖尔（Richard Gere）在电影《美国舞男》（*American Gigolo*）中身穿阿玛尼套装，帮助品牌塑造了成功的形象，电影上映后阿玛尼的销量陡增。

人员推销

人员推销是最直接且最传统的一种传播方式。奢侈品牌通常是由设计师或者一些行家来售卖，这些人对奢侈品的特性非常熟悉。此外，人员推销还可以通过定制的销售服务来满足消费者的需求。同时，品牌还可以根据该方式从消费者那里得到的反馈，来进行产品的改进［奥康科沃（Okonkwo），2007］。正如路威酩轩集团的掌门人伯纳德·阿诺特（Bernard Arnault）所言，他的品牌不仅仅是在销售产品，更是在贩卖梦想。处理与消费者之间的关系必须呵护这个梦想，给予消费者所需要的关心。而且售货员和消费者之间的距离在不同文化语境中有所不同。与欧美地区相比，销售与消费者之间的关系在亚洲地区变得更加疏远，并且受到阶级的影响。

品牌故事与时尚传说

很多时尚企业会利用一个宏大且完整的时尚传说来创造并实现他们的传播策略，这些故事起源于一个合理的现实世界——"一个由意义构成的故事，或者只是一个简单的想象，包含一套特定的价值观、设定、人物角色、象征符号和行为模式"［艾洛尼克（Ironico），2014，第184页］。

时尚传说会创造四种世界观：真实的、不太可能的、不真实的和不可思议的。在真实的世界里，故事发生在现实中，不需要改变物理定律。例如，芬迪（Fendi）在2011—2012年秋冬季采用了将品牌放入一个绘画的世界的传播策略（艾洛尼克，2014）。香奈儿的品牌故事也源于现实世界，围绕着其品牌创始人加布里埃·香奈儿（Gabrielle Chanel）展开，香奈儿的童年卑微，却因创造新趋势而成功［赫斯科维塔（Herskovita）& 克里斯托（Crystal），2010］。不太可能的故事通常发生在物理定律被部分改变的世界中。例如，迈宝瑞（Mulberry）在2012年2月伦敦时装周上呈现的故事，它的灵感来源于莫里斯·桑达克（Maurice Sendak）的童话故事《野兽出没的地方》（*Where the Wild Things Are*）。

时尚公司还会编撰不真实或不可思议的故事。例如，在亚历山大·麦昆（Alexander McQueen）为2012—2013年时装秀制作的广告中，模特是由像素组成的虚拟形象，与周围迷幻的背景融为一体。在这个世界上，很多物理定律与事实并不相符，难以置信的场景激发了先锋艺术家们的灵感，特别是超现实主义艺术家，他们将物体置于不切实际的环境中。这种策略让人们可以在难以预料的地方看到柔软的手表、胡须、龙虾和圆顶礼帽，这类场景经常出现在哈维·尼克斯（Harvey Nichols）——一个英国奢侈服装连锁店的橱窗里。

社交媒体

社交媒体的发展改变了时尚和奢侈品牌传播的方式。社交媒体是一种虚拟应用，它为用户分享内容和相互联系提供平台。西方最主要的社交媒体平台包含脸谱网（Facebook）、推特（Twitter）、优兔网（YouTube）、照片墙（Instagram）和聚友网（MySpace）。脸谱网是一个用来发布新产品［英迪维克（Indivik），2011］、建立品牌与客户以及粉丝之间的关系［图什特（Touchette）、沙恩斯基（Schanski）& 李（Lee），2015］、发布独家线上时装秀［麦基（Macchi），2013］的主要平台。推特是一样公关工具，它可以通过虚拟聊天来帮助企业评估消费者的满意度。优兔网代表以品牌故事讲述为主的短视频平台③[佩斯（Pace），2008]。表1.2展示了一些应用脸谱网、推特和优兔网的品牌传播案例。

表1.2 时尚产业应用社交媒体的案例

社交媒体	企业、品牌	活 动
脸谱网（Facebook）	博柏利（Burberry）	让用户免费申请新款香水的试用装（英迪维克，2011）
	奥斯卡·德拉伦塔（Oscar de la Renta）	发布新款香水
	拓扑肖普（Topshop）	提供线上时装秀
优兔网（Youtube）	爱马仕（Hermès）	在爱马仕的优兔频道中，例如通过爱马仕之旅（Voyage d'Hermès）的视频描述马术的世界，在该视频里，希腊神话中著名的飞马珀伽索斯（Pegasus）以一种现代的方式被重新定义；通过对工匠一天的追踪拍摄来传播品牌的手工艺精神
	芬迪（Fendi）	推出"轻语"（Whisperd）项目的线上视频（探索意大利知识，讲述企业的家族传统，解读品牌的历史起源）
	迪奥（Dior）	专门展示标志性包袋产品的短视频（麦基，2013）。一系列视频展示了时装秀、最新的系列以及有助于迪奥品牌发展的合作伙伴网络
	香奈儿（Chanel）	香奈儿的优兔网频道，有讲述品牌故事的微电影以及推荐产品穿戴方式的短视频，还有彩妆产品的使用教程
推特（Twitter）	唐娜·凯伦（Donna Karan）	官方账号"DKNY PR Girl"（@dkny）向品牌粉丝公开解密幕后（麦基，2013）
	奥斯卡·德拉伦塔（Oscar de la Renta）	官方账号向匹配粉丝揭露幕后发生的所有事情（麦基，2013）
	开云集团（Kering Group）	创建推特即时聊天话题#KeringLive，与可持续发展部门的总监一起讨论可持续发展的议题

注：由作者整理。

对于时尚品牌来说，照片墙是最知名的社交应用之一，它可以通过图片提升品牌核心价值。这就是为什么博柏利不仅在照片墙上发布广告宣传相关图片，还发布颇具特色的伦敦街头照片，来强化品牌自身的文化遗产，以及巩固消费者与英伦文化的积极联系。爱马仕的策略则集中在产品和它独特的橙色包装上，如分享一些配饰图片（麦基，2013）。在照片墙这个虚拟平台中，人们还可以通过话题标签（#）来展现不同风格。在2014年春秋时尚秀中，Topshop邀请品牌的粉丝用标签"#topshopwindow"发布他们最喜爱的穿搭图片，并对时装秀做出评论。这些图片后来被摆放在伦敦牛津街上品牌旗舰店内的特殊装置中。

除上述几种社交媒体外，时尚品牌还会利用其他平台，如汤博乐（Tumblr）、雅虎网络相册（Flickr）、拼趣（Pinterest）、四方广场（Foursquare）和易趣时尚美术馆（eBay Fashion Gallery）。此外，越来越多的时尚品牌开发了智能手机应用程序——如香奈儿、古驰、拉夫劳伦和唐娜·凯伦。通过这种方式，品牌与消费者之间可以建立持久的关系，品牌也可以传播对建立关系的期望［金姆（Kim）＆高（Ko），2012］。

确实，社交媒体能以较低的成本简化整合传播活动。这些平台与消费者建立了真实、实时的关系，让时尚品牌以广告无法完成的方式与公众建立联系［普拉巴卡（Prabhakar），2010］。此外，社交媒体对品牌声誉有很大影响，对一个品牌积极的评论会影响消费者的购买行为；社交媒体还可以改变公共关系，让公众有更高的时尚参与度。"传统公共关系战略的关注点在于吸引媒体的注意，市场营销则专注于面向顾客售卖。但社交媒体稍微改变了游戏规则，除媒体外，如今公共关系将焦点更多地放在建立客户关系上"［诺里克斯（Noricks），2012，第16页］。

时尚博客

时尚博客是一个向热爱时尚的人们展示时装表演、最新趋势、时尚品牌、设计师作品、名人或个人的风格、时尚生活小贴士以及产品信息的线上空间［库尔马拉（Kulmala），梅西兰塔（Mesiranta）& 图奥米宁（Tuominen），2013］。

时尚博客可以根据作者进行分类——由业内人士或其他独立博主撰写。业内人士是那些在时尚圈或传统时尚媒体有过工作经历的人们，而独立博主是那些频繁消费时尚产品的人，他们的建议对那些超级时尚迷的选择来说非常重要。

时尚品牌非常重视时尚博客的存在，尽管时尚博客由消费者创造，但他们的影响可以与著名时尚编辑的头条相提并论（卡佩拉里，2011）。斯蒂芬诺·嘉班纳（Stefano Gabbana）在《国际先驱论坛报》（*International Herald Tribune*）中接受杰西卡·米绍特（Jessica Michaut）的采访时表示："博客对于我们来说非常重要，我们会经常告知博主关于品牌的新闻，我们也时常关注时尚博客，他们代表了一种快捷且同步接受新讯息的方式。"从杜嘉班纳（Dolce & Gabbana）决定让知名时尚博主坐在时装秀的前排、并为他们提供电子设备以进行实时评论就可以看出，时尚博客的兴起不容小觑。过去，设计师需要等待至少一周才能看到最新系列的相关评论，如今他们可以收到及时的反馈。

博客还是品牌和门店的免费宣传工具，它增加了新晋设计师的曝光率，提高了畅销品牌的知名度。例如2014年，28岁的嘉拉·法拉格尼（Chiara Ferragni）是世界上浏览量最多的时尚博主之一。她的博客"金黄色的沙拉"（The Blonde Salad）（https://www.theblondesalad.com/en-CN/）每天发布图片、更新穿搭样式、评论每一季的时尚必备品，以及为粉丝的服饰选择提供建议。这位米兰的时尚博主在照片墙上拥有超过560万关注者，在脸谱网上有超过120万关注者，她还与迪奥、香奈儿、路易威登、麦斯玛拉（Max Mara）等品牌的设计师合作。

奢侈时尚品牌所面临的挑战与问题

时尚公司在运营品牌中面临着很多挑战。因其独有的特征，奢侈品牌比大众品牌存在更多的特殊问题。这部分将介绍奢侈时尚品牌所面临的四种挑战：造假、商品化、品牌稀释与品牌回避。本部分包含五个案例，用于讨论这些挑战以及奢侈品牌应对挑战的策略。

奢侈品行业中的造假现象及其影响

造假是一种违反法律法规和商品知识产权保护合约的行为。科技的发展滋生了造假现象，互联网的应用令造假商了解新产品，冒充它们，并快速接触到众多消费者。

造假现象的指数化增长引发了国际组织、国家政府以及企业自身的共同介入。国际贸易组织（WTO）发布知识产权交易相关协议（TRIPS），要求所有国际贸易组织的成员遵守合约。此外，其他国际公约也详细规范了知识产权，并对企业如何保护这些权利给出建议。但东西方的产权管理并不相同。本书的第二章会讲述意大利高端品牌哈蒙布莱恩在中国为解决严重假货问题历经十年法律纠纷的故事。

在过去几十年间，企业在面对造假问题时通常实施压制性措施。表1.3阐述了四个反造假策略：保护、合作、起诉和教育［切萨雷奥（Cesareo）& 帕斯托雷（Pastore），2014］。教育可以增加利益相关者反造假的意识，是企业防范造假最有利的武器之一。但根据相关数据，有很大一部分消费者对造假持有积极态度，因为假货可以让消费者拥有他们本来消费不起的商品［金姆&卡尔波娃（Karpova），2010］。一些品牌，如劳力士（Rolex）、蔻驰（Coach）和拉夫劳伦，会利用它们的网站去教育消费者，提高他们的防伪意识。劳力士的官网设有专门讨论假货的区域，列举了帮助消费者区分商品真伪的方法。

表1.3　反造假策略

策略		说明
保护	有形资产	为保护有形资产，可以使用：①跟踪技术鉴别分销系统中的正品；②隐藏技术（员工或监管部门可以检测出来的设备）；③公开（可以被消费者看见）的措施
	无形资产	对知识产权的保护（商标、专利、设计、模型和版权），在国内和国际范围内进行注册
合作	对权力的保护	与政府、司法机构、警方、供应商、分销商、竞拍网站和消费者进行多方合作
	在国际上与仿冒品抗争，游说的力量	加入国内外的知识产权和反伪造品协会。例如，WIPO（世界知识产权组织）、WCO（世界海关组织）、欧洲商标所有者协会、INTA（国际商标协会）、IACC（国际反假联盟）、GACG（全球防伪网络）、BASCAP（ICC）（国际商会打击假冒和盗版商业行动）
起诉	合法行动，监管行动，对伪造品的突袭检查、没收以及销毁	抵制任何侵权者：伪造品、竞拍网站以及折扣百货商店
教育	员工	对员工进行内部教育，提高防伪的意识，并获得他们的支持
	分销供应商	发布在合法供应链以及分销链运输中关于伪造品的条款、合约以及报告
	海关，警方	针对正品的特性和品质举行告知活动
	消费者	针对正品的特性和品质举行告知活动

注：参考切萨雷奥和帕斯托雷资料（2014），由作者整理。

商品化

奢侈品牌面临的第二个挑战就是商品化。产品的商品化是一种使商品或者服务变得广泛，并且可与其他公司的商品或服务进行互换的过程。以下一系列行为都可能导致商品化，如退化、扩张和攀比［达维尼（D'Aveni），2010］。当企业定位从质优价高发展到开始接触大众市场时，就会产生品牌退化［里奥（Riot）、沙马雷（CHamaret）& 里戈（Rigaud），2013，第921页］。企业为了与传统市场竞争，会采取扩张策略，提供一些具有价格优势的产品组合，如成衣系列。攀比则指竞争对手以相似或更低廉的价格提供类似的产品（里奥，等人，2013，第921页）。商品化的影响遍及各行各业，但它对奢侈品行业的影响是极其负面的，因为它撼动了行业关于奢侈性、稀有性、排他性的核心原则［杜布瓦，等人，2001；维格隆（Vigneron）& 约翰逊，1999，2004］。奢侈品牌通过品牌扩张，以及在廉价劳动力国家进行外包生产来降低价格，这些都会加重商品化程度。

为了减轻商品化带来的影响，很多奢侈品牌会采用艺术赞助或慈善活动，以及推出与艺术家合作的限量系列，希望通过艺术来传播品牌的调性，提高品牌的知名度。这些活动可以将奢侈品牌与艺术领域联系起来，维护奢侈品牌的稀有性。这种基于艺术的策略被统称为"艺术化"。"艺术化"的品牌案例有路易威登（详见第六章）、古驰和华伦天奴（Valentino）。

古驰的创意总监亚历山德罗·米歇尔（Alessandro Michele）曾发起过与纽约涂鸦艺术家安德鲁（Trouble Andrew）的合作。安德鲁利用古驰的标志进行城市涂鸦，古驰的创意总监不仅没有反对他的行为，还与他合作，将这些涂鸦变成时尚的印花应用在"古驰小精灵"（Gucci Ghost）的系列中，展现在裙子、彩色箱包、装饰皮夹克上。涂鸦由此变成了真实产品，或者说是品牌标志经过个性化变形，成了独一无二的符号。华伦天奴也推出过一些艺术家合作系列，如克里斯蒂·贝尔古（Christi Belcourt）［灵感源于插画"水之歌"（*Water Song*）］、埃丝特·斯图尔特（Esther Stewart）［"色块拼接"（color block）美学］、西莉亚·波特维尔（Celia Birtwell）（创意花朵主题面料）和乔塞塔·菲奥罗林（Giosetta Fioroin）（创造了标志性的浪漫主义迷彩印花）。

与奢侈品牌相似的是，一些高端品牌和独立设计师品牌也开始通过

与艺术家合作来提高他们的品牌价值。美国品牌盖璞推出过一件用UV
光敏变色印花面料制作的T恤，它会随着阳光的照射而变化。这些印花
再现了亚历克斯·卡茨（Alex Katz）、弗朗索瓦·贝尔霍德（Francois
Berhoud）、小野洋子（Yoko Ono）、罗伊·埃斯里奇（Roe Ethridge）、里
奇亚德·菲利普斯（Richiard Phillips）、乌戈·罗迪纳（Ugo Rondinone）
和彼得·林德伯格（Peter Lindbergh）等艺术家的作品。在美术馆中，一
些时装系列也会被当作艺术品展出，这时其"艺术化"的效果会更加明
显。菲拉格慕曾与意大利佛罗伦萨的一个博物馆合作，推出了设计师历
史经典系列的展览，详情见第三章。

品牌稀释

第三项时尚奢侈品牌所面临的主要挑战，是品牌形象逐渐被稀释的
风险。当消费者已经学会将原本品牌的优质特性与整个家族品牌的名称
联系起来，就会发生品牌稀释的现象［洛肯（Loken）＆约翰，1993，第
79页］。特别是一些高端品牌为了增加公司的市场份额向低端市场扩张，
就会导致品牌稀释。品牌扩张是最有效的发展策略之一，但如若管理不
当，就可能稀释母品牌的独特形象。

在时尚领域，关于品牌稀释最有名的例子应该是皮尔卡丹（Pierre
Cardin）［阿波切特（Albrecht）、巴克豪斯（Backhaus）、古茨基（Gurzki）
＆沃伊斯切拉格（Woisetchlager），2013］。20世纪40年代，皮尔卡丹曾
在迪奥工作室做学徒，他是第一个发布成衣系列的高级定制设计师，他
在全球开店，进行国际化扩张，并将他的名字授权给各种产品。尽管他
彻底改变了时尚行业，但他在超过九百种类别、覆盖从时尚用品到医疗
用品的商品上滥用许可协议，稀释了奢侈品牌最初的形象。当他想要
卖掉他的商业帝国时，有购买倾向的人就会对品牌的真实价值产生怀疑
（奥康科沃，2007）。皮尔卡丹的例子说明品牌扩张可以让产品在大众市
场获得更多曝光，更易被消费者获取，但会对高端的母品牌形象产生负

面影响（金姆，等人，2001），因为奢侈品牌吸引消费者的特性之一就是排他性［埃斯卡拉（Escalas）& 贝特曼（Bettman），2003］。为了避免品牌稀释所带来的负面影响，很多奢侈品牌，如古驰和博柏利收回了他们的营业权限，控制大众获取产品的难度，重新定位品牌，重获奢侈的地位（奥康科沃，2007）。确实，保持排他性是一个具有批判性的奢侈品牌战略，任何增加奢侈品牌可获性的行为都是危险的，如开放营业权限或进行品牌扩张。为了保持这份独特性，越来越多的时尚品牌通过"限量"系列来控制品牌扩张，这个概念会在后文"时尚行业的品牌管理与传播趋势"中详述。

品牌回避

时尚企业会巩固消费者追求的各种品牌价值，但消费者有时会故意排斥一个特定的品牌，即便他们有经济能力去购买这些品牌，这种现象被称作"品牌回避"［李，莫弦（Motion）& 康罗伊（Conroy），2009；林德尔（Rindell）、斯特兰德维克（Strandvik）& 维伦（Wilén），2004］。例如，抵制星巴克（anti Starbucks）运动［汤普森（Thompson）& 阿塞尔（Arsel），2004］和反快时尚运动［金姆、朱（Choo）& 尹（Yoon），2013］。持续的品牌回避可能会导致品牌负资产，因此，企业必须及时应对，防止品牌回避或者考虑重塑品牌。消费者主动排斥特定品牌的原因有三种：没有达到预期、符号性的不协调和价值观的不一致（如道德规避）（李，等人，2009）。也就是说，一个消费者可能会因为一次消极的体验（没有达到期望值），或是品牌符号形象与消费者性格的偏差（符号性的不协调），或者对品牌伦理道德的不赞同，如在生产的过程中对特定人群的剥削（思想上的不一致），从而不再购买某个品牌（金姆，等人，2013；李，等人，2009）。

互联网和社交网络的兴起使很多消费者和线上活跃用户可以传播他们对特定品牌的抵制，增强人们对非道德行为的认知。在奢侈品行业，动物皮毛制品会引发动物权益保护者与环保主义行动者的抵制。特别是古驰，就曾因为在产品中使用动物皮毛，成了人们激烈讨伐的主要对象。为了弥补这种负面形象，古驰成为第一批签订企业社会责任协议的奢侈品牌之一，并向发展中国家妇女和儿童的教育事业捐助10万美元。2013年，在一个叫作希望响钟（Chime for Change）的国际运动中，古驰与哈里·巴里（Halle Barry）和詹妮弗·洛佩兹（Jennifer Lopez）等明星合作，资助与发展中国家妇女相关的教育、司法以及公共医疗卫生服务［多朗（Doran），2014］。爱马仕也曾经遭受过PETA（善待动物组织）的强烈反对，反对品牌在手袋产品中使用鳄鱼皮。

由此，对保护环境和尊重人权的强调成了品牌区别于其竞争者的一种方式。例如2014年，雨果博斯宣布他们在设计系列中禁用动物皮毛，并加入了国际反皮草联盟（FFA）。该联盟联合38个组织与团体，致力于动物保护［反皮草联盟（Fur Free Alliance），2015］。

时尚行业的品牌管理与传播趋势

随着各种社交媒体平台涌现海量的传播内容，时尚品牌必须寻找一个独特的方式来吸引消费者的注意力，以此提高品牌价值，树立品牌形象。本章介绍了时尚企业发展的五个趋势：奢侈品牌的线上销售，限量版，游击营销，快闪店，以及通过体验空间来巩固品牌资产。这五个趋势看似没有关系，但它们在共同作用中相互联系，以获得大量的市场份额（如线上销售）。在店铺外提供体验空间，为消费者创造愉快且印象深刻的惊喜（如限量版、游击营销和快闪店），以进一步强化品牌形象。

奢侈品牌的线上销售

线上零售商的发展尤为出挑，其中时尚领域线上销量的增长特别令人瞩目。在欧盟，单是服装和运动商品类别就占据了60%的线上交易［欧盟统计局（Eurostat），2015］，通过美国亚马逊和英国ASOS官网进行跨国在线购物的订单呈指数级增长（金 & 塞德罗拉，2016）。但奢侈品线上销售的增长却鲜为人知。行业中的大众零售商引领着线上销售趋势，但大部分奢侈品牌只是广泛运用它们的网站首页作为推广工具，并没有把其当做销售平台。根据麦肯锡公司资料，2018年全球女性奢侈时尚产品的线上销量将从之前的3%增长到17%，市场规模总量达到120亿美元［施密特（Schmidt）、德尔纳（Dörner）、伯格（Berg）、舒马赫（Schumacher）& 博克霍尔特（Bockholdt），2015］。根据最新的市场调查报告估算，到2020年，奢侈品牌的线上销售将达到40%［古斯塔夫松（Gustafson），2016］。值得一提的是，中国奢侈品线上销售增长了70%（施密特，等人，2015）。线上销售的重要性已经促使包括阿玛尼和华伦天奴在内的奢侈品牌，将线上平台的运营和维护从外包转为企业内部。路威酩轩最近还雇用了一位来自苹果公司的高级管理人员，来指导公司线上业务的发展［罗伯茨（Roberts），2015］。

奢侈品牌也会直接通过合作网站销售产品，如博柏利、迈克高仕（Michael Kors）、普拉达、爱马仕和古驰。

其中值得一提的是博柏利，从2006年初就开始了线上销售，电商渠道的订单约占其销量的10%（罗伯茨，2015）。而迈克高仕2015年的电商渠道销售在北美地区的整体销量中占7%［米尔恩斯（Milnes），2015］。汤姆·福特（Tom Ford）和芬迪也加入了这个趋势，分别自2014年和2015年开始线上销售。

越来越多的奢侈品牌在精选的高端百货商店网站及线上奢侈品专卖店中提供他们的产品，如颇特女士（Net-A-Porter）和位于佛罗伦萨的奢侈时尚精品多品牌实体店的官方线上商城——LuisaViaRoma.com。颇特女士于2000年在英国成立，是世界上最早的线上奢侈品专门店之一，它可以邮寄至170个以上的国家，通过手机、平板和网页提供无缝连接的购物体验。还有很多线上奢侈品专卖店销售过季商品，其中包括 Yoox 网（Yoox.com，2000 年成立于意大利）以及奥特莱网（theOutLet.com，2009 年成立于英国）。2015 年，两家领先的线上奢侈品零售商 Yoox 和颇特女士联合成立了 Yoox Net-A-Poter 公司（简称"YNAP"），建立了一个以销售主流奢侈品牌产品为特色的网站，类似一家拥有各种品牌分区的线下百货商店。

除了电商销售，也有一些奢侈品牌为消费者提供移动端的应用程序，如古驰、路易威登、卡地亚（Cartier）和香奈儿。奢侈品牌通过这些线上和移动端渠道获得了更多的消费群体，其中包括那些没有多余时间以及身处偏远地区无法接触当地精品店的消费者（施密特，等人，2015）。线上奢侈品零售在保持品牌独特性的同时会有过度曝光的风险，这也是线上渠道的挑战之一（奥康科沃，2009）。为了应对这个挑战，奢侈品牌努力创造设计精美的网站，为消费者提供非凡的数字体验。

限量版

推出限量版在设计师品牌和大众品牌领域都有明显增长的趋势，包括限制生产的数量和消费者可以购买的时间［巴拉阐德（Balachander）&斯托克（Stock），2009］。限量版在 2004 年海恩斯莫里斯（H&M）与卡尔·拉格斐（Karl Lagerfeld）成功推出合作限量款系列后流行起来。从那时起，海恩斯莫里斯就开始每年都与顶尖设计师合作发布限量版，如 2005 年与丝黛拉·麦卡妮（Stella McCartney）的合作、2011 和 2012 年与范思哲的合作，以及与明星的联名限量版——2007 年与麦当娜（Madonna）、2013 年与碧昂丝（Beyoncé）［蔡尔兹（Childs）&金，2016］。限量版的流行可以在不同的层级延伸：大众品牌和顶尖设计师（如海恩斯莫里斯），大众零售商和顶尖设计师［如塔吉特（Target）&米索尼（Missoni）］以及奢侈品牌和顶尖艺术家［如路易威登和村上隆（Takashi Murakami）、草间弥生（Yayoi Kusama）］。限量版发行的一个成功案例是"塔吉特推出的限量版米索尼"（"Missoni at Target"）。在预售期间，许多消费者在店铺外面排起了长队，由于访问流量过多，还导致塔吉特的网站在当时陷入瘫痪（CBC新闻，2011）。路易威登与日本艺术家村上隆以及草间弥生的合作将在第六章中详述。

限量版有益于利益相关方和消费者——向大众市场曝光品牌、增加销量，同时保护品牌形象不被稀释（蔡尔兹，2014）。首先，限量版对顶尖和新兴设计师来说都是一个有效的推广方式，它可以帮助设计师在不损伤他们品牌形象的前提下将品牌推广至大众，同时它也为新兴设计师创造了试销市场。此外，还为高端设计师和品牌增加了大众市场曝光率，培养潜在消费者。其次，增加合作双方的销量，限量版给消费者带来紧迫感和独特性，减少他们在购买过程中的迟疑（巴拉阐德和斯托克，2009）。最后，因为产品的可获性有限，限量版可以保护品牌不被稀释［伯松（Berthon）、皮特（Pitt）、帕伦特（Parent）& 伯松，2009；因曼（Ginman）、伦德尔（Lundell）& 图雷克（Turek），2010］。这些优势同样吸引了美国百货公司的加入，如梅西百货公司（Macy's）和柯尔百货公司（Kohl's）。最近，时尚行业的限量版也开始与其他领域合作，以巩固品牌形象，如与慈善组织合作，以营造品牌乐善好施的形象。其中的一个案例是古驰与联合国儿童基金会（UNICEF）的合作，一起发布了特别的设计——限量版手袋。但并非每一次限量版的发布都是成功的，譬如尼曼百货（Neiman Marcus，一家美国高档百货商店）与塔吉特在2013年的合作（蔡尔兹&金，2016）。

游击营销

企业营销中传播工具的饱和促使很多品牌管理者采用打破传统的传播方式，如"游击营销"和"病毒式营销"（杰克逊 & 肖，2009）。杰伊·莱文森（Jay Levinson）于1982年提出游击营销的概念，指能够带给受众惊喜、将品牌铭刻在消费者脑海的传播活动。它同时采用具有替代性的传播渠道和传统媒体，且通常预算有限［达伦（Dahlén）、格兰隆德（Granlund）＆格伦罗斯（Grenros），2009］。游击营销活动虽然只在有限时间进行，但是它能够在消费者群体中引起轰动，并且在主流媒体上曝光［法拉利（Ferrari），2009］。游击营销还可以利用其他方式，如张贴[④]、伏击式营销[⑤]、病毒营销[⑥]和快闪族[⑦]。

耐克（Nike）已经成功地将游击营销活动整合到传播策略中，取代传统媒体传播。2005年7月，耐克庆祝美国职业篮球联赛（NBA）运动员托尼·帕克（Tony Parker）的胜利，用他的官方T恤盖住了位于巴黎的自由女神像。虽然T恤后来被政府取下，但这个行为在几分钟内被全世界看到，增加了耐克的曝光度。在此次游击营销事件的一个月前，耐克还用圆圈符号[⑧]在罗马和米兰绘制了巨大的脚印［这次活动被称作"大脚"（BigFoot）］，吸引了意大利媒体的注意。

迪赛（Diesel）是另一个经常采用非传统传播方式的品牌。2007年，该品牌策划了海蒂（Heidies）活动来推广内衣产品线的发售。在这个活动中，两个女孩绑架了一个年轻男子胡安（Juan），将他关押在酒店房间内长达五天。公司网站对此进行了实时直播，吸引公众互动，让这个活动迅速成为病毒事件。2009年4月17日，迪赛发起了另一个口号为"用迪赛的黑钱度过危机"的活动，将黑色的广告单分发给23个国家的消费者，为他们购买迪赛服装时提供30%的折扣。2010年，西班牙品牌德诗高（Desigual）在巴黎、伦敦、柏林和马德里举办了一场"亲吻之旅"（the Kiss tour），所有想要交换亲吻的人都可以参加。亲吻作为情感的象征，与品牌理念（乐观积极地思考）不谋而合，成为了爱的代名词。

另一个成功制造病毒营销活动的品牌是优衣库（Uniqlo）。2009年，日本时尚零售商优衣库发起了一场促销活动，吸引了数百万人在线下店铺门前排队。为了提高销量，优衣库还在2010年发起全球首个在线排队比赛，名为"幸运排队"（The Lucky Line），以庆祝优衣库成立26周年。这个线上排队比赛在品牌官方网站举行，推特和脸书的用户可以通过自动推送的虚拟排队码加入到线上排队中。每队中的第26位用户将获得一张价值1000日元的优惠券用于店内消费。于是，世界各地的消费者纷纷加入虚拟队伍，以赢取优惠券。这个活动在日本影响超过18万人，在中国大陆和中国台湾分别吸引了130万人和63万人参与，日本的单日总销量更是实现了100亿日元的记录。更重要的是，"幸运排队"事件成为了推特上的热门话题，帮助优衣库赢得了2011年戛纳金狮奖（Cannes Cyber Lion）。游击营销基本上都是依靠惊喜触发具有传播性的轰动事件，从而维持品牌记忆。

快闪店

快闪店是一种临时商店，它在有限的时间内保持营业，持续时间从一个星期到一年不等。它们通常位于不同地方，包括街角、购物中心和机场［波莫多罗（Pomodoro），2013］。快闪店也可以是游击营销的一种形式，因为能在外观上给消费者惊喜。快闪店有很多种类，从模块化的零售设施到集装箱里商店等各式各样。

快闪店有几个优势。首先是高性价比，因为这些店铺是临时的，规模比传统的零售商店更小，可以减少租金成本，缩短合同周期。此外，品牌可以在高销售预期的时候开设快闪店，在预计销量低的月份关闭。快闪店低成本和临时的特性让品牌可以测试新产品，以衡量未来的需求。快闪店的另一个优势是吸引人群的注意力，并制造与品牌相关的轰动话题，因此，它还是一种营销工具（波莫多罗，2013）。人们很容易对一家突然出现的店铺产生兴趣，尤其是当它看起来很特别的时候，如一个船运集装箱。与传统零售场所不同的是，快闪店一般以类似"限量版"的形式出现，迫使消费者察觉出一种紧迫感，想要立即享受当前的优惠。

快闪店也有几个缺点。监管问题——很难找到能够胜任的临时员工；技术投入问题——虽然临时店铺的装配较少，但是这些店铺仍需要商品的固定装置，以及用于交易的销售区域。如果不能很好地维护品牌形象，快闪店也存在损害品牌形象的风险。第一家快闪店铺在2004年由日本品牌川久保玲（Comme des Garçons）开设于柏林米特区（the Mitte district）的一家旧书店中。虽然店铺不在城市的主流时尚街区，但是品牌通过城市中的海报和网站进行了宣传。在川久保玲的引领下，一些时尚和奢侈品牌开始在它们的传播策略中通过整合临时店铺来提高品牌认知度、巩固品牌形象。例如，为了借奥运会开幕的东风，香奈儿在2012年7月24日伦敦市中心开设了它的第一家快闪精品店——美妆店。店铺以工业风格的结构来吸引眼球，顾客在店铺中可以与化妆艺术家们交谈，了解最新的时尚趋势。此外，香奈儿还开设了一个专门服务于这家快闪店的网站。这个案例说明了临时店铺可以让消费者获得异于寻常的品牌体验，更加深刻地理解品牌的价值观。

体现快闪店效果的两个关键策略是选址和时间。店铺的地址需要给消费者惊喜。因此，企业应该优先考虑特殊场所，如博物馆、荒废的教堂、旧仓库或其他不同于传统的建筑。很多品牌选择可移动的地点，如汽车或面包车，让品牌能够触达更多地方。一个令人印象深刻的案例是彪马（Puma）的移动快闪店，它利用24个集装箱组建了一个三层楼高的空间。

快闪店周围的地理环境也可以为品牌提供有利条件。纽约的Soho商业区就是其中的一个例子，它是纽约最新潮的空间之一，已经成为安娜苏（Anna Sui）、古驰、山本耀司（Yohji Yamamoto）和Piperline等品牌的主要聚集地。快闪店的另一策略是限时。很多品牌的快闪店只在时装周或圣诞节等特殊时间段开业。例如，香奈儿就曾在戛纳电影节期间开设了一家快闪店。

通过体验空间巩固品牌资产

时尚品牌的最后一大趋势是通过提供体验空间来巩固品牌资产。派因（Pine）和吉尔摩（Gilmore）在1998年《哈佛商业评论》（*Harvard Business Review*）的一篇文章中介绍了"体验经济"（experience economy），说它是继农业经济、工业经济和服务经济之后的下一种经济模式。他们认为提供令人印象深刻的体验可以成为一种产品，如美国的熊宝宝工作坊（Build-A-Bear Workshop）⑨会在店铺中提供生日派对服务，并收取一定的费用。美国户外用品连锁零售机构Recreational Equipment，Inc.（通常被称作REI）⑩和普拉达在纽约、洛杉矶和东京的三个销售中心，都已将体验元素融入销售空间。REI在位于美国西雅图的旗舰店内提供攀岩点装置和攀岩课程；普拉达则利用销售中心塑造品牌，这个案例会在本书的第五章进一步讨论。

体验零售的定义是为消费者创造品牌体验［苏利文（Sulllivan）&海特梅尔（Heitmeyer），2008］，时尚品牌将逐渐转化旗舰店为体验式零售站点。旗舰店通常由品牌直营，目的是巩固品牌形象，因为"消费者去品牌旗舰店不仅仅是为了购买产品，而是去到一个主要由商家控制的环境体验品牌、公司和产品"［科齐内茨（Kozinet，等人，2002，第18页）］。耐克之城（Nike Town）是旗舰店为消费者提供体验的经典案例。本书中的五个案例都描述了欧洲的奢侈品牌和高端品牌如何利用它们的旗舰店，通过提供品牌体验来发展和巩固它们的品牌形象。

领先的奢侈品牌一直致力于通过酒店、餐厅和咖啡厅提供多样化的体验。由奢侈品牌运营的地标性酒店包括位于米兰和巴厘岛的宝格丽酒店（Bulgari Hotel）、位于澳大利亚黄金海岸和迪拜的范思哲豪华度假酒店（Palazzo Versace），以及位于米兰和迪拜的阿玛尼酒店（Armani Hotel）。此外，阿玛尼还以安普里奥·阿玛尼的名义在米兰与世界名厨松久信幸（Nobu Matsuhisa）合作开设了Nobu餐厅，拉夫劳伦在芝加哥旗舰店中也加入了餐饮区域。还有的如法国零售商欧舒丹（L'Occitane en Provence）在中国台北开设了欧舒丹咖啡厅（L'Occitane Café），法国服装与配饰零售商阿尼亚斯贝（Agnes B）在中国的香港和台北开设了阿尼亚斯贝咖啡厅（Agnes B Cafés）。这些酒店、餐厅和咖啡厅巩固了它们的品牌形象，同时帮助它们创造更全面的品牌愿景。通过这种方式，环境和建筑结构可以完美地与品牌形象相匹配——如阿玛尼的现代精致与宝格丽的优雅摩登。在这些空间中，时尚品牌的标识被策略性地融入到房间装饰、床上用品、毛巾、香皂、盘子、银器等物品上，进一步建立了消费者与品牌之间的情感依恋。

　　品牌像人类的成长一样进化，从诞生开始就需要培育以保证持续发展。就像人类需要与其他人保持互动来建立和维护关系一样，品牌也需要类似的关注。创建品牌并非易事，需要企业在长期计划的指导下精心策划，实行整合性战略，来帮助品牌保持成长。这需要一个时尚企业谨慎和持续不断的努力。本章将品牌视作时尚企业的重要资产，强调了与时尚品牌相关的主要概念、挑战和趋势。本章中概括的这些挑战和趋势会随着环境的变化而发生转变。相比之下，品牌形象是时尚企业品牌策略的积累。因此，如果策略管理得当，品牌形象会持久存在，为公司带来长久的利益。

注　释

① 英图博略（Interbrand），一家品牌战略咨询公司，每年发布全球最具价值品牌报告，基于品牌的经济状况以及公司品牌价值评估模型的预测，选出100个有价值的国际品牌。品牌上榜的基本条件是：在至少三个主要的大洲出现；在发展中国家和新兴市场中必须有广泛的地理覆盖；必须有30%的收入来自本土国家之外；来自同一个大洲的收入不能超过50%。

② 威富公司（VF Corporation）成立于1899年，是一家总部位于北卡罗来纳州格林斯堡的美国公司。

③ 许多时尚品牌频繁地使用媒体，导致了2012年Fashiontube的诞生。在这个频道中，用户可以上传著名时尚博主、时装秀的视频，以及其他与话题相关的短视频（麦基，2013）。

④ 张贴指在繁华的区域贴出很多海报，来传播一个已经为人所知或者新兴的品牌。

⑤ 伏击式营销指的是一种破坏性行为，如在竞争品牌发起的活动中进行干扰或开展与其有某种关联、相关主题的营销活动（法拉利，2009）。

⑥ 病毒营销是一种创造轰动话题的方法，或者创造值得记忆且吸引注意的营销事件。这种营销方式通常利用社交媒体、视频、文本信息以及其他的互动方式来传播产品或服务的信息，而不是指制作商业广告后把它发布在电视上或广播中。

⑦ 快闪族一词指的是一群人在一个预先定好的地点，表演短暂且非同寻常的动作。这个行为主要是为了娱乐，但不能排除其他社会人士或持不同意见者的目标出现。人们通过短信或网络决定集合的地点，他们的表演在短时间内以观众的欢呼喝彩声结束，表演者在这之后很快退场（法拉利，2009）。

⑧ 30年前，两名男子在英国的汉普郡（Hampshire）和威尔特郡（Wiltshire）的田野里踏出圆圈图案，他们几乎不知道，他们在周五晚上的这场滑稽表演将会引发一种全球现象，这种现象至今仍在影响人们的生活［欧文（Irving）、伦德伯格（Lundberg）& 皮尔金顿（Pilkington），2006］。

⑨ 熊宝宝工作坊（Build-a-Bear Workshop）是一个美国零售商，销售泰迪熊和其他毛绒动物玩具。"顾客在参观商店的过程中会有互动性的体验，可以按照自己的选择填充和定制毛绒玩具"。

⑩ REI是一个美国连锁零售商，销售各种户外和体育活动的装备、服饰和鞋履。

参考文献

［1］Aaker, D. (1991). *Managing brand equity; capitalizing on the value of a brand name.* New York: The Free Press.

［2］Aaker, D. (1992). The value of brand equity. *Journal of Business Strategy, 13(4)*, 27–32.

［3］Aaker, D., & Joachimsthaler, E. (2002). *Brand leadership.* New York: Free Press.

［4］Aaker, D. A., & Keller, K. L. (1990). Consumer evaluations of brand extensions. *Journal of Marketing*, 54(1), 27–41.

［5］Albrecht, C. M., Backhaus, C., Gurzki, H., & Woisetchlager, D. M. (2013). Drivers of brand extension success: What really matters for luxury brands. *Psychology and Marketing*, 30(8), 647–659.

［6］Balachander, S., & Stock, A. (2009). Limited edition products: when and when not to offer them. *Marketing Science*, 28(2), 336–355.

［7］Berthon, P., Pitt, L., Parent, M., & Berthon, J. P. (2009). Brand, aesthetics and ephemerality: observing and preserving the luxury. *California Management Review*, 52(1), 45–66.

［8］ Blecken, D. (2009). Can overseas celebrities sell brands in China?. *Media: Asia's Media & Marketing Newspape*r, 16.

［9］ Blythe, J., & Cedrola E. (2013). *Fondamenti di marketing.* Milano-Torino: Pearson Italia.

［10］ Cappellari, R. (2011). *Marketing della moda e dei prodotti lifestyle.* Roma: Carocci Editore.

［11］ Carroll, A. (2008). Brand communications in fashion categories using celebrity endorsement. *Journal of Brand Management,* 17(2), 146–158.

［12］ CBC News. (2011). Missoni craze crashes Target website. Retrieved from http://www.cbcnews.com.

［13］ Cedrola, E., & Battaglia, L. (2012). *Storia, economia, cultura, modelli di business e di marketing per operare con successo in Cina. La via verso la terra di mezzo.* Milano: Cedam.

［14］ Cesareo, L., & Pastore, A. (2014). Acting on luxury counterfeiting. In B. Berghaus, G. Müller-Stewens, & S. Reinecke (Eds.), *The management of luxury: a practitioner's handbook* (pp. 341–359). London: Kogan Page.

［15］ Chevalier, M., & Mazzalovo, G. (2008). *Luxury brand management: una visione completa sull'identità e la gestione del settore del lusso.* Milano: Franco Angeli.

［16］ Childs, M. (2014). *Effective fashion brand extensions: the impact of limited edition and perceived fit on consumers' urgency to buy and brand dilution.* Unpublished doctoral dissertation. The University of North Carolina at Greensboro, U.S.A.

［17］ Childs, M., & Jin, B. (2016). A new age in apparel brand and retailer collaborations: trends and recommendations for a successful partnership. *Journal of Brand Strategy,* 5(1), 83–100.

［18］ Ciappei, C., & Surchi, M. (2011). *La mitopoiesi della marca moda: strategie di brand building nelle imprese moda.* Milano: Franco Angeli.

［19］ Dahlén, M., Granlund A., Grenros M. (2009). The consumer-perceived value of non-traditional media: effects of brand reputation, appropriateness and expense. *Journal of Consumer Marketing,* 23(3), 155–163.

［20］ D'Aveni, R. A. (2010). Beating the commodity trap: how to maximize your competitive position and increase your pricing power. *Harvard Business School Press Books.* Retrieved from http://search.ebscohost.com/login.aspx? direct=true&db=bth& AN=43454475&site=ehost-live; http://hbr.org/pro duct/a/an/3153-HBK-ENG. doi:10.1225/3153

[21] Doran, S. (2014, January 29). Gucci steps towards sustainability. *Luxury Society.* Retrieved from http://luxurysociety.com/articles/2014/01/gucci-steps-towards-sustainability

[22] Dubois, B., Laurent, G., Czellar, S. (2001). Consumer rapport to luxury: analyz- ing complex and ambivalent attitudes. Les *Cahiers de Recherche,* 33(1), 1–56. Retrieved from http://www.hec.fr/var/fre/storage/original/ application/5ecca063454eb4ef8227d08506a8673b.pdf

[23] Erdogan, B. Z. (1999). Celebrity endorsement: a literature review. *Journal of Marketing Management,* 15, 291–314.

[24] Escalas, J. E., & Bettman, J. R. (2003). You are what you eat: the influence of reference groups on consumers' connection to brand. *Journal of Consumer Psychology,* 13(3), 339–348.

[25] Eurostat. (2015). Statistics explained. Retrieved from http://ec.europa.eu/ eurostat/statistics-explained/index.php/E-commerce_statistics_for_ individuals

[26] Ferrari, F. (2009). *Marketing e comunicazione non convenzionale: guerrilla, virale, polisensoriale, emozionale.* Bologna: CLUEB.

[27] Fur Free Alliance (2015). About us. Retrieved from http://www.furfreealliance. com/about-us/

[28] Ginman, C., Lundell, C., & Turek, C. (2010). *Luxury for the masses: a study of the H&M luxury collaborations with focus on the images of the luxury designer brands.* Unpublished thesis. Uppsala University, Uppsala, Sweden.

[29] Glennie, A. (2015, February 18). UK's digital advertising spend set to outstrip all other forms. *The Guardian.* Retrieved from http://www.theguardian.com/ media/2015/feb/18/digital-advertising-spend-set-to-outstrip-all-other- forms

[30] Gustafson, K. (2016). Sales here have escaped the luxury goods slowdown. CNBC. Retrieved from http://www.cnbc.com/2016/06/16/luxury-sales-slowdown-isnt-happening-online.html

[31] Hameide, K. (2011). *Fashion branding unraveled.* New York: Fairchild.

［32］ Herskovitz, S., & Crystal, M. (2010). The essential brand persona: storytelling and branding. *Journal of Business Strategy*, 31(3), 21–28.

［33］ Herstein, R., Gilboa, S., & Gamliel, E. (2013). Private and national brand consumers' images of fashion stores. *Journal of Product & Brand Management*, 22(5/6), 331–341. doi: 10.1108/JPBM-03-2012-0110

［34］ Herstein, R., & Gamliel, E. (2006). The role of private branding in improving service quality. *Managing Service Quality: An International Journal,* 16(3), 306–319. doi: 10.1108/09604520610663516

［35］ Indivik, L. (2011, August 19). Burberry brings fragrance sampling campaign exclusively to Facebook. Retrieved from http://mashable.com/2011/08/19/burberry-body-facebook/#fp9odHDkssqV

［36］ Interbrand. (2015). Interbrand Rankings 2015. Retrieved from http://inter brand. com/best-brands/best-globalbrands/2015/ranking/#?listFormat=ls

［37］ Ironico, S. (2014). *Fashion management: mercati, consumatori, tendenze e strate-gie di marca nel settore moda.* Milano: Franco Angeli.

［38］ Irving, R., Lundberg, J., Pilkington, M. (2006). *The art, history & philosophy of crop circle making.* London: Strange Attractor Press.

［39］ Jackson, T., & Shaw, D. (2009). *Mastering fashion marketing.* New York: Palgrave Macmillan.

［40］ Jin, B., & Cedrola, E. (2016). Overview of fashion brand internationalization: theories and trends. In B. Jin & E. Cedrola (Eds.), *Fashion brand internationa-lization: opportunities and challenges* (pp. 1–30). New York: Palgrave Macmillan.

［41］ Kapferer, J. (2008). *The new strategic brand management: creating and sustaining brand equity long term.* London: Kogan-Page.

［42］ Kapferer, J. N. (1999). *Les marques, capital de l'entreprise: créer et développer des marques fortes.* Paris: Éditions d'organisation.

［43］ Kapferer, J. N. (2012). *The new strategic brand management: advanced insights & strategic thinking* (5th ed.). London: Kogan Page Limited.

［44］ Kapferer, J. N., & Bastien, V. (2009). The specificity of luxury management: turning marketing upside down. *Journal of Brand Management*, 16(5), 311–322.

［45］ Kapferer, J. N., & Bastien, V. (2010). *Luxury strategy: sovvertire le regole del marketing per costruire veri brand di lusso*. Milano: Franco Angeli.

［46］Keller, K. L. (1998). *Strategic brand management: building, measuring and managing brand equity* (2nd edn). Upper Saddle River, NJ: Prentice-Hall.

［47］Kim, A. J., & Ko, E. (2012). Do social media marketing activities enhance customer equity? An empirical study of luxury fashion brand. *Journal of Business Research*, 65(10), 1480–1486.

［48］Kim, C. K., Lavack, A., & Smith, M. (2001). Consumer evaluation of vertical brand extensions and core brands. *Journal of Business Research*, 52(3), 211–222.

［49］Kim, H., & Karpova, E. (2010). Consumer attitudes toward fashion counterfeits: application of the theory of planned behavior. *Clothing and Textile Research Journal*, 28(2), 79–94.

［50］Kim, H., Choo, H. J., & Yoon, N. (2013). The motivational drivers of fast fashion avoidance. *Journal of Fashion Marketing and Management*, 17(2), 243–260.

［51］Kozinets, R. V., Sherry, J. F., Deberry-Spence, B., Duhachek, A., Nuttavuthisit, K., & Storm, D. (2002). Themed flagship brand stores in the new millennium: Theory, practice, prospects. *Journal of Retailing*, 78(1), 17–29. doi:10.1016/S0022-4359(01)00063-X

［52］Kulmala, M., Mesiranta, N., & Tuominen, P. (2013). Organic and amplified eWOM in consumer fashion blogs. *Journal of Fashion Marketing and Management*, 17(1), 20–37.

［53］Kumar, N., & Steenkamp, J.-B. E.M. (2013). *Brand breakout how emerging brands will go global*. New York: Palgrave Macmillan.

［54］Lee, M.S.W., Motion, J., & Conroy, D. (2009). Anti-consumption and brand avoidance. *Journal of Business Research*, 62(2), 169–180. doi:10.1016/j.jbusres.2008.01.024

［55］Loken, B., & John, D. R. (1993). Diluting brand beliefs: When do brand extensions have a negative impact? *Journal of Marketing*, 57(3), 71–84.

［56］Macchi, J. (2013). *Lusso 2.0: nuovi paradigmi della comunicazione dei marchi di alta gamma*. Milano: Lupetti Editore.

［57］Milnes, H. (2015). How 3 high-end brands balance luxury with e-commerce. *Digiday*. Retrieved from http://digiday.com/brands/3-high-end-brands-bal ance-luxury-e-commerce/

［58］ Moore, C. M., & Birtwistle, G. (2004). The Burberry business model: creating an international luxury fashion brand. *International Journal of Retail and Distribution Management*, 32(8), 412–422.

［59］ National Retail Federation. (2016). 2016 top 250 global powers of retailing. Retrieved from https://nrf.com/news/2016-top-250-global-powers-of-retailing#globaloutlook

［60］ Noricks, C. (2012). *Ready to launch: the PR Couture guide to breaking into fashion PR*. Charleston, SC: CreateSpace.

［61］ Okonkwo, U. (2007). *Luxury fashion branding: trends, tactics, techniques*. New York: Palgrave Macmillan.

［62］ Okonkwo, U. (2009). Sustaining the luxury brand on the Internet. *Journal of Brand Management,* 16(5), 302–310. doi:10.1057/bm.2009.2

［63］ Pace S. (2008). YouTube: an opportunity for consumer narrative analysis? *Qualitative Market Research: An International Journal,* 11(2), 213–226.

［64］ Passikoff, R. (2013, December 12). When it comes to Nike celebrity endorsements, they have to make sure the shoe fits (LeBron). *Forbes*. Retrieved from http://www.forbes.com/sites/robertpassikoff/2013/12/12/if-the-nike-brand-dont-fit-lebron-cannot-commit-2/

［65］ Pine, B. J. II., & Gilmore, J. (1998). Welcome to the experience economy. *Harvard Business Review*, 76(4), 97–105.

［66］ Pomodoro, S. (2013). Temporary retail in fashion system: an explorative study. *Journal of Fashion Marketing and Management*, 17(3), 341–345.

［67］ Prabhakar, H. (2010). How the fashion industry is embracing social media. *Mashable*. Retrieved from http://mashable.com/2010/02/13/fashion_industry-social-media/

［68］ Ralph Lauren. (2013). About Ralph Lauren. Retrieved from http://www.global.ralphlauren.com

［69］ Riezebos, R. (2003). *Brand management: a theoretical and practical approach*. Harlow: Prentice Hall.

［70］ Rindell, A., Strandvik, T., & Wilén, K. (2013). Ethical consumers brand avoidance. *Journal of Product and brand management*, 22(7), 484–490.

［71］ Riot, E., Chamaret, C., & Rigaud, E. (2013). Murakami on the bag: Louis Vuitton's decommoditization strategy. *International Journal of Retail & Distribution Management*, 41(11/12), 919–939. doi:10.1108/IJRDM-01-2013-0010

[72] Roberts, A. (2015). Luxury web battle looms as LVMH, Hugo Boss develop e-commerce. *Bloomberg*. Retrieved from http://www.bloomberg.com/news/ articles/2015-10-05/luxury-web-battle-looms-as-lvmh-hugo-boss-develop-e-commerce

[73] Schmidt, J., Dörner, K., Berg, A., Schumacher, T., & Bockholdt, K. (2015). The opportunity in online luxury fashion sales are rising, but what do consumers expect from a luxury digital experience? *McKinsey & Company*. Retrieved from https://www.mckinseyonmarketingandsales.com/sites/default/files/pdf/CSI_ Online%20luxury%20fashion.pdf

[74] Silverstein, M. J., & Fiske, N. (2003). *Trading up: the new American luxury*. New York: Portfolio Penguin Group.

[75] Sullivan, P., & Heitmeyer, J. (2008). Looking at Gen Y shopping preferences and intentions: exploring the role of experience and apparel involvement. *International Journal of Consumer Studies*, 32(3), 285–295.

[76] Tauber, E. M. (1988). Brand leverage: Strategy for growth in a cost-control world. *Journal of Advertising Research*, 28(4), 26–30.

[77] Thompson, C.J., & Arsel, Z. (2004). The Starbucks brandscape and consumers' (anticorporate) experiences of glocalization. *Journal of Consumer Research*, 31(3), 631–642. doi:10.1086/425098

[78] Till, B. D. (1998). Using celebrity endorsement effectively: lessons from associative learning. *Journal of Product and Brand Management*, 7(5), 400–409.

[79] Touchette, B., Schanski, M., & Lee. S.E. (2015). Apparel brands' use of Facebook: an exploratory content analysis of branded entertainment. *Journal of Fashion Marketing and Management*, 19(2), 107–119.

[80] Truong, Y., McColl, R., & Kitchen, P. J. (2009). New luxury brand positioning and the emergence of masstige brands. *Brand Management*, 16(5/6), 375–382.

[81] Vigneron, F., & Johnson, L. W. (1999). Review and a conceptual framework of prestige-seeking consumer behavior. *Academy of Marketing Science Review, 1*, 1–15. Retrieved from http://www.amsreview.org/articles/vigneron01-1999.pdf

[82] Vigneron, F., & Johnson, L. W. (2004). Measuring perceptions of brand luxury.

Brand Management, 11(6), 484–506. doi:10.2466/pms.1991.72.1.329

作者简介

　　金炳昊是美国北卡罗来纳州立大学格林斯堡分校（University of North Carolina，Greensboro），消费者、服装和零售研究系的普特曼（Putman）和海耶斯（Hayes）杰出教授。研究领域集中于国际服装零售和品牌推广。她在顶级期刊上发表了100多篇期刊论文，并为从业者提供了110篇评论性报告，出版了3本书和70篇行业文章。她是《服装与纺织品研究杂志》（*Clothing & Textiles Research Journal*）和《时尚与纺织品》（*Fashion & Textiles*）的副主编，也是韩国工商会的顾问委员会成员。并曾于2015～2016年赴沙特阿拉伯国王大学（King Saud University）、2016年赴意大利马切拉塔大学（University of Macerata）担任访问学者。

　　埃琳娜·塞德罗拉是意大利马切拉塔大学的副教授，教授管理和国际营销。她还是意大利米兰圣心天主教大学（Catholic University of Milan）国际营销学的教授。并曾于2014～2017年赴北京师范大学（中国）担任访问学者，2014～2015年赴巴黎索邦大学（法国）担任访问学者。其研究领域是中小型企业的跨国管理和营销。她学术贡献是广泛且有意义的，包括期刊出版物、演讲、主题演讲、讲座和研讨会。她的最新研究集中在工业领域的原产国。

第二章

哈蒙布莱恩：一只成功建构品牌价值与品牌认同的猎犬

玛利亚·科罗西奥 & 莫尼亚·梅里亚

Maria Colurcio & Monia Melia

摘要：哈蒙布莱恩在全球拥有约一百家专卖店，是意大利时尚产业中最具活力、最成功的企业之一。刚起步时，哈蒙布莱恩只是位于那不勒斯的小城凯瓦诺中的一家小型家族企业，尽管它的对手是国际上的各大时尚巨头，但在不到十年的时间内，它就在竞争中取得了出色的成绩。这个品牌在享誉全球的同时，也是高品质休闲装的代名词。公司的理念是通过将不同的颜色、面料和图案进行创造性的组合，为顾客提供高质量的整体外观解决方案，这种理念重新诠释了意大利的服装传统。近年来，哈蒙布莱恩投入各种资源，以建立符合这一理念的品牌识别。

玛利亚·科罗西奥（联系地址）& 莫尼亚·梅里亚
意大利，卡坦扎罗大学，法律、历史、经济和社会科学系

© 作者（年代）2017
金炳昊、埃琳娜·塞德罗拉（编），时尚品牌与传播，Palgrave案例研究：全球时尚品牌管理，
DOI 10.1057/978-1-137-52343-3_2

该案例阐明了在建立强大的品牌识别时，视觉识别的管理、品牌承诺、品牌个性和品牌传播是如何发挥作用的。

关键词： 品牌承诺；品牌个性；品牌传播；意大利制造；零售

引　言

哈蒙布莱恩（H&B）成立于1993年，它的创始者是一位意大利手套制造商。它在全球50个国家中拥有100家专卖店，是一家得到全世界广泛认可的意大利运动品牌。品牌的视觉标志是一只小腊肠犬，旨在引起人们对休闲奢侈生活方式的遐想。这种奢侈的生活方式具有标新立异的个性，尤其体现在它"意大利制造"的标签上。这种个性表达了公司自20世纪90年代创立以来，对创意和创新的不断追求。当时，意大利时装公司乔治·阿玛尼推行基于黑白色彩的时尚潮流，而哈蒙布莱恩做出突破，将蓝色、黄色、红色等鲜明的颜色引入奢侈休闲装的生产，还加入条纹、花朵、蝴蝶等图案，使用丝绸、棉、羊毛、皮革等面料。对于当时的男性消费者来说，这样的风格突破了传统，在他们的印象中，只有特定的沙滩装才会这样设计。

哈蒙布莱恩的成功主要依赖于"意大利制造"战略与地中海风格的结合，打造出了强烈的产品识别。其强调复杂的产品概念，这个概念为客户提供新潮的时尚风格，同时也为意大利服装工艺的品质作担保。"哈蒙布莱恩所有产品背后的理念都是休闲装，即实用性与时尚性的综合体，它们体现了服装制造的优美与品质，也表达对众多竞品的尊重，如拉夫劳伦，其产品有着创意精巧的细节和卓越的装饰工艺"［选自与多梅尼克·梅尼蒂（Domenico Menniti）2015年的访谈］。

哈蒙布莱恩的整体外观解决方案还为顾客提供鞋子和配饰，来搭配他们已经分类好的服装产品组合。衬衫是整个系列中最为重要的、能够提升品牌声誉的产品。事实上，哈蒙布莱恩的衬衫通过它独特的创意设计（纱线、色彩、图案、用料）和沿袭自那不勒斯学派①的传统服装制作工艺，传达了品牌的产品概念。那不勒斯学派的传统服装制作工艺与众不同，大量采用编织和手工刺绣。哈蒙布莱恩在制作一款手工定制外套时使用了另一种那不勒斯学派的工艺，在外套肩部的制作中加入经典的褶皱，使其肩部位置柔软舒适。此外，还有一些创新也大大改善了产品性能。例如，使用有特殊专利的纱线制造毛衣，穿着时会散发出薰衣草的香气。

在短短二十多年里，哈蒙布莱恩已经实现了许多重要的市场目标，取得了卓越的业绩。2008年和2011年，公司因在财务管理方面的出色表现获得邓白氏信用评级的"最高可靠性指数——1级"②。它的品牌战略可以看作是一条进化之路。哈蒙布莱恩品牌管理的第一阶段持续了几年：它通过选择品牌标志和颜色（蓝色的腊肠犬）来专注打造品牌的视觉识别。第二阶段一直到20世纪90年代末，哈蒙布莱恩在这期间完善了它的品牌承诺——重新提炼自身特点，改良品牌识别的特征。第三个阶段持续到2010年，公司将情感特性注入品牌，以此强化品牌个性。第四阶段发展至现在，其最大的特点是品牌扩张：哈蒙布莱恩咖啡馆在欧洲开业；发布女装和童装系列产品；加入了配饰生产线。

这一案例分析将要说明：在进入国际市场、面对全球竞争者时，建立强大的品牌识别会对小型的制造企业产生怎样的支持作用。本章将从哈蒙布莱恩诞生开始，论述它的历史、商业活动，以及品牌和传播战略。在章节最后讨论这项案例分析对研究人员和公司管理者双方可能产生的影响。在案例分析的写作过程中同时采用了一手数据和二手数据。一手数据来源于：两场与品牌首席执行官多米尼克·梅尼蒂的访谈（2015年9月和2016年1月），一场与马可·蒙蒂弗斯科（Marco Montefusco）（AGB公司的市场总监③）的访谈，包括对哈蒙布莱恩的那不勒斯总部及其在意大利和欧洲店铺的实地访问；二手数据来源于：商业杂志、学术期刊、报纸以及公司内部文件，如年度报告、年度财务报表、行业研究、企业官网、社交媒体等。

企业概况

哈蒙布莱恩是一家国际集团，总部位于那不勒斯的一座小城凯瓦诺（Caivano）。集团由哈蒙布莱恩有限公司（控股公司）及其子公司哈蒙布莱恩瑞士分公司（2010年成立）、哈蒙布莱恩法国分公司（2015年成立）组成④。公司成立于1986年，最初业务只涉及手套生产的产品数据管理；1993年，公司注册哈蒙布莱恩品牌，改变了产品的名称和类型，专注生产衬衫。目前拥有超过500名员工。

哈蒙布莱恩的产品涵盖创新的休闲男装、女装、童装，通过意大利制造的品质和富有新意的细节来传达产品之美。目标客户是那些充满活力、喜欢不那么正式的服装与新奇事物的人。其产品独具匠心，将形状、颜色、图案和衣服组合在一起，唤起意大利传统的服装风格："我们的目标是满足顾客的需求，我们要更加努力地去寻找我们独特的风格，使我们能够在众多竞争者中凭借创意、创新和品质脱颖而出。"（选自与多梅尼克·梅尼蒂2015年的访谈）

哈蒙布莱恩的产品组合包括男装、女装、婴幼儿/童装生产线，这些产品共有四个品牌名称。哈蒙布莱恩将拉夫劳伦作为自己的标杆，以高质高价而闻名。哈蒙布莱恩牛仔（Harmont & Blaine Jeans）是一个基础的系列，主要通过线上店铺进行售卖，在保证产品创意性的同时满足顾客低价的需求。哈蒙布莱恩运动（Harmont & Blaine Sport）是专门为了品牌直销折扣店而生产的系列，这一系列的产品上并没有腊肠犬的品牌标志。哈蒙布莱恩童装（Harmont & Blaine Junior）是孩子们的系列（表2.1）。在其产品组合中，男士衬衫占比28%；其次是男士T恤，占比25%；男士休闲裤占比15%；女士服装占比18%；婴幼儿/童装占比4%（哈蒙布莱恩，2015b），其他配饰等占10%。

表2.1　哈蒙布莱恩的品牌组合

目标人群	产品线及分类	品牌名称
男性 （20～45周岁）	服装（衬衣、有领短袖T恤、长袖运动衫、大衣、休闲裤、夹克衫、T恤），鞋与配饰（鞋、腰带、围巾、帽子、背包、皮具、手套、袜子），基础款（帽子、围巾、腰带、T恤）	哈蒙布莱恩 （H&B） 哈蒙布莱恩牛仔 （H&B Jeans） 哈蒙布莱恩运动 （H&B Sport）
女性 （20～45周岁）	服装（衬衣、有领短袖T恤、T恤、大衣、夹克衫、休闲裤、连衣裙、短裙），鞋与配饰（鞋、腰带、围巾、手套、帽子、背包、皮具）	哈蒙布莱恩 （H&B）
婴儿（1～12月龄） 儿童（2月龄～16周岁）	婴儿用品（毯子、床单、毛绒玩具、帽子、连身衣），童装（衬衫，有领短袖T恤、大衣、休闲裤、T恤、饰品、腰带、连衣裙）	哈蒙布莱恩童装 （H&B Junior）

注：作者基于商业出版物和企业官网数据制作。

　　哈蒙布莱恩的产品完全由意大利制造，93%的产品以外包的形式由精心挑选的意大利手工作坊制作；7%的产品由公司内部制作，包括剪裁、组装及加工等工序。男装和女装产品的制作由分包商承担，这些分包商都位于坎帕尼亚（Campania）地区（选自与多梅尼克·梅尼蒂2015年的访谈）。生产外包以合作关系的方式进行，哈蒙布莱恩可以把控整个生产过程以及产品的质量。分包商由哈蒙布莱恩的生产部门人员挑选并进行培训，这些被选中的分包商将会被列入一份由哈蒙布莱恩官方认可的合作伙伴名单中，这份名单将根据公司的检查和质检报告每两年更新一次。公司和工匠之间的关系可以称作是一种合伙关系：他们有着共同的目标（按照那不勒斯的服装传统工艺制作高质量的产品），然后通过这种合作伙伴的关系实现目标，赢得各自的价值。每年，哈蒙布莱恩都会根据公司的业绩为这些工匠颁发奖项，这在战略上维持了公司的产品质量特性。产品坚持意大利制造，这也是哈蒙布莱恩的品牌识别。在意大利时尚体系中，坎帕尼亚[5]是非常重要的地区，它不仅以服装传统工艺而著称，还拥有为大型公司和国际知名品牌［如玛丽内拉（Marinella）[6]、基顿（Kiton）[⑦]等] 工作的分包商们。这些经过精挑细选的分包商也生产配饰和童装产品。具体而言，"哈蒙布莱恩的鞋子由位于意大利著名的鞋区马尔凯（Marche）地区中心的第三代工匠传承公司精心打造。高品质的手工制造与加工工艺确实是百分百由意大利制造的产品的最突出特点"（选自哈蒙布莱恩2015年在官方脸书上发表的文段）。童装生产线则由签订了独家分包协议的AGB公司负责。

哈蒙布莱恩在四大核心策略方向的基础上制定了成功的营销战略（哈蒙布莱恩官网，2015）：（1）扩大产品范围，增加产品线；（2）渗透新兴市场；（3）发展直接和间接零售渠道；（4）专注与消费者进行直接对话。

产品范围的扩大和产品线的增加是一个渐进式的过程，驱动着产品的升级优化。在注重公司男士衬衫生产的同时，如今哈蒙布莱恩奉行"整体外观"战略，为新的目标人群（女性和0～16岁的儿童）提供新的产品类型（如鞋子、配饰等）。如图2.1所示，为了实现新的目标，哈蒙布莱恩

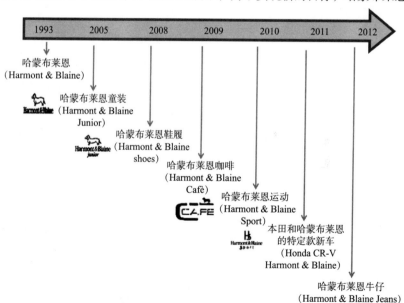

图2.1　哈蒙布莱恩产品范围和产品线的扩张
（注：作者基于商业杂志和企业官网数据制作此图）

于2005年增加童装系列，于2010年增加运动系列，2012年增加牛仔系列。2009年，公司还增加了新的产品种类，开设了两家哈蒙布莱恩咖啡厅。第一家咖啡厅位于罗通多港（Porto Rotondo），罗通多港是意大利撒丁岛（Sardinia）上最独特别致的知名豪华旅行地（图2.2）；第二家位于坎帕尼亚（Campania）的埃博利（Eboli），与公司总部同属一个地区。哈蒙布莱恩咖啡厅使顾客完全沉浸在公司所一直追求的生活方式之中[⑧]。

图2.2　哈蒙布莱恩咖啡厅意大利罗通多港店（来源：哈蒙布莱恩官网）

第二个核心策略是对新兴市场的渗透，它指的是公司从2001年开始的国际化进程。虽然意大利仍是哈蒙布莱恩的主要市场，但公司同时面向欧洲、非洲、亚洲、美洲和大洋洲（表2.2）进行销售。事实上，自21世纪初，其创办者就立志将品牌从本土企业转型为全球化企业。通过"国际大都会"项目的落地实施，品牌已入驻世界各地的旅游与购物之都，并将这些城市作为自己的战略立足点，向全世界发展、拓宽自身的视野①。

第三个核心策略包括直接（零售、电商）与间接（批发）的分销渠道（表2.3）。直接零售渠道的销售额占净销售额的55.2%（哈蒙布莱恩，2015a），包括品牌专卖店、旗舰店、店中店及工厂直销店。品牌专卖店坐落于城市中心或各大国际空港，它们是影响品牌形象的主要因素。这些品牌专卖店的选址能够有效地与顾客建立关系，并为他们带来良好的购物体验［梅里亚，科罗西奥＆卡里德（Caridà），2014］。顾客可以通过专卖店参与到哈蒙布莱恩打造"整体外观"的购物体验之中。这些位于世界各地的品牌专卖店的装潢非常雅致，在顾及当地风土人情的同时强调品牌的地中海本源。

表2.2　哈蒙布莱恩的国际市场渗透

所在大洲	所在国家
欧洲	奥地利、捷克、法国、德国、意大利、马耳他、圣马力诺、罗马尼亚、西班牙、土耳其、乌克兰、塞浦路斯、俄罗斯、白俄罗斯
非洲	阿尔巴尼亚、阿尔及利亚、埃及、摩洛哥、南非、突尼斯、刚果
亚洲	亚美尼亚、阿塞拜疆、中国、日本、伊拉克、黎巴嫩、哈萨克斯坦、科威特、沙特阿拉伯、阿拉伯联合酋长国、卡塔尔、乌兹别克斯坦、新加坡、泰国、马来西亚、约旦、以色列、韩国、格鲁吉亚
美洲	哥伦比亚、多米尼加、墨西哥、委内瑞拉、巴拿马、美国
大洋洲	澳大利亚

表2.3 哈蒙布莱恩的分销网络

销售渠道	店铺类型	店铺数量	店铺区域	品牌合作的主要城市
零售	品牌专卖店	42	意大利	都灵、那不勒斯、罗马、米兰、佛罗伦萨、巴勒莫、热那亚
		58	世界范围内	埃里温（亚美尼亚）、巴库（阿塞拜疆）、波哥大（哥伦比亚）、圣多明各（多米尼加）、夏纳和巴黎（法国）、卡萨布兰卡（摩洛哥）、墨西哥城（墨西哥）、莫斯科（俄罗斯）、马德里（西班牙）、迈阿密（美国）
	购物中心内的店铺	5	意大利	卡坦扎罗、贝加莫、弗利-切塞纳、基耶蒂、曼托瓦
		19	世界范围内	阿拉木图（哈萨克斯坦）、布加勒斯特（罗马尼亚）、北京（中国）、圣多明各（多米尼加）、迪拜（阿拉伯联合酋长国）、多哈（卡塔尔）、伊斯坦布尔（土耳其）、巴拿马城（巴拿马）、迈阿密（美国）、贝鲁特（黎巴嫩）、开罗（埃及）、波哥大（哥伦比亚）
	旗舰店	1	意大利	米兰
		3	世界范围内	布拉格（捷克）、马德里（西班牙）、莫斯科（俄罗斯）
	工厂直销店	22	意大利	
批发	百货公司或豪华酒店内的小型商店	1	意大利	文艺复兴百货
		10	世界范围内	老佛爷百货（阿拉伯联合酋长国，迪拜）、崇光百货（中国，香港）、埃斯坦科之家酒店（Casa del Estanco）和勒科莱齐奥尼酒店（Le Collezioni）（哥伦比亚，卡塔赫纳）、希罗宫百货公司（墨西哥，墨西哥城）、英格列斯百货公司（西班牙，马德里）、哈里和沃纳·舒勒酒店（奥地利，维也纳）、威尼斯人酒店（中国，澳门）
	多品牌买手店	约600	意大利	米兰、帕维亚、都灵、罗马、阿格里真托、巴勒莫、墨西拿、雷焦卡拉布里亚、卡塔尼亚
		约200	世界范围内	阿尔巴尼亚、阿尔及利亚、亚美尼亚、中国、埃及、德国、伊拉克、巴拿马、沙特阿拉伯、南非、西班牙、土耳其、乌克兰、乌兹别克斯坦
电商	虚拟精品店	1		

哈蒙布莱恩的所有品牌专卖店都采用地中海风格的蓝白搭配色彩体系，店内放置撒丁岛风格的木质家具和来自耶特里（位于那不勒斯附近的萨勒诺省）的陶艺，令人联想到卡普里岛与伊斯基亚岛（图2.3）。国际市场上的品牌专卖店是保持意大利与东道国联系的桥梁⑩。

哈蒙布莱恩的旗舰店发展并加固了市场关系，同时促进了品牌在国际市场中的业务。从2010年至今，公司共开设四家旗舰店，店铺选

图2.3　哈蒙布莱恩专卖店实景（来源：哈蒙布莱恩官网）

址位于传统时尚之都马德里、米兰和新兴的时尚中心布拉格、莫斯科，且占据主干道最醒目的位置，位置优势使其可以宣传一切带有腊肠犬标志的服装、鞋子和配饰，推广品牌的娱乐元素。位于米兰和马德里的旗舰店宽敞明亮，占地面积约530平方米。旗舰店的装潢设计使用地中海风格的颜色和原材料，不仅可以促进产品销售，还代表着哈蒙布莱恩所提倡的生活方式。布拉格旗舰店是品牌规模最大的旗舰店，位于城市中心建筑金色里拉宫殿（Zlatá Lyra）的四层，面积超过1000平方米。这座建筑是受到保护的文化遗产，以珍贵的木质立面和金色装饰而闻名（图2.4）。

| 米兰旗舰店 | 马德里旗舰店 | 布拉格旗舰店 |

图2.4 哈蒙布莱恩位于米兰、马德里、布拉格的旗舰店（来源：哈蒙布莱恩官网）

若想开设店中店则需要与百货公司签订协议，来租借用于开设新店的空间。近年来，这样的开店方式在诸如拉夫劳伦、卡尔文·克莱恩和阿玛尼等高级时装品牌中逐渐流行起来。哈蒙布莱恩已经与美国各大知名百货公司签订租借协议。在过去五年中，公司在土耳其、美国、中国、多米尼加、哈萨克斯坦、巴拿马、埃及和哥伦比亚等多国开设了店中店，主要出售价格较为低廉的牛仔系列产品。

近年来，工厂直销店和店中店的销售情况大都顺应时装分销的大趋势，也反映出主要竞争对手的商业行为。"从2010年开始，所有名声远播的奢侈品牌和时装巨头都涉足工厂直销店。如华伦天奴、普拉达、菲拉格慕、古驰、托德斯、拉夫劳伦、杜嘉班纳、博柏利、雨果博斯、麦丝玛拉（Max Mara）、汤米·希尔费格（Tommy Hilfiger）、布克兄弟（Brooks Brothers）、汤姆泰勒（Tom Tailor）等知名品牌都意识到工厂直销店可以作为产品分销的新渠道。"（选自与多梅尼克·梅尼蒂2015年的访谈）。顾客可以在哈蒙布莱恩的22家工厂直销店中买到折扣达35%[①]的产品。电商是新兴的销售渠道，它的业绩表现突飞猛进。"Shop.harmontbaline.it"是哈蒙布莱恩最新推出的产品销售渠道，帮助公司维护与顾客之间的关系；通过这一途径，公司在2014年实现了97.2万欧元的收入（选自与多梅尼克·梅尼蒂2015年的访谈）。

哈蒙布莱恩的间接销售渠道包括多品牌买手店和"小型商店"。多品牌买手店为欧洲（西班牙、罗马尼亚、乌克兰、俄罗斯）、亚洲（中国、哈萨克斯坦）以及中东地区（黎巴嫩、埃及、阿拉伯联合酋长国、沙特阿拉伯）市场做出贡献。"小型商店"指那些在百货大楼或豪华酒店中开设的小型店铺，由全世界知名的合作伙伴运营，比如墨西哥的希罗宫百货、阿拉伯联合酋长国迪拜的老佛爷百货、中国香港的崇光百货和中国澳门的威尼斯人酒店。

公司营销战略的最新支柱包括建立和促进与世界各地客户的对话和互动。总的来说，产品、品牌和商店组成了神奇的三位一体。正如哈蒙布莱恩的首席执行官所指出的那样，这是与客户建立和保持"默契"对话的必要条件。此外，社交网络上的个人页面可以进行互动、需求评估和建议。这四个核心策略的发展使哈蒙布莱恩公司的收入从2001年至今实现了显著的增长（图2.5）。2015年，哈蒙布莱恩公司的整体营业收入达7480万欧元，其中哈蒙布莱恩瑞士店营业收入达110万欧元，哈蒙布莱恩法国店营业收入达30万欧元。童装和鞋类产品的营业收入分别为1200万欧元和800万欧元（选自与多梅尼克·梅尼蒂2016年的访谈，以及与马可·蒙蒂弗斯科2015年的访谈）。

表2.4提供了2009~2014年哈蒙布莱恩主要业绩指标的详细情况。

具体来看，尽管公司经历了全球经济危机，但息税折旧及摊销前利润（EBITDA）在2014年仍然有740万欧元（占公司营业收入的9.9%），2013年的息税折旧及摊销前利润为1180万欧元（占公司营业收入的18.4%）。公司2014年的息税前利润（EBIT）则达到450万欧元（占净销售额的6%）（哈蒙布莱恩，2015a）。

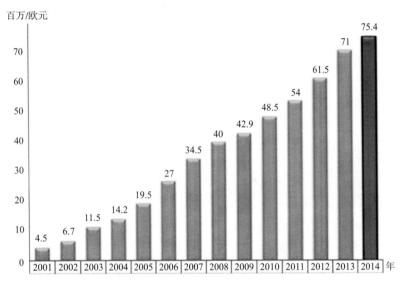

图2.5　哈蒙布莱恩有限公司2001~2014年收入情况
（注：数据来自哈蒙布莱恩2015年年报）

表2.4所展示的公司财务表现与国际时装奢侈品市场一致，总体呈下降趋势。然而表格中显示2013年的投资回报率有显著增长，与整个行业业绩的下降[12]形成对比。此外，在2015年过去的三年中，哈蒙布莱恩已开设了10家新店铺（《时尚与奢侈品行业调查报告》，2015）。2014年，哈蒙布莱恩在意大利市场的营业收入占公司收入总额的81%（5930万欧元），较2013年（5710万欧元）增长3.7%（哈蒙布莱恩，2015a）。哈蒙布莱恩出色的财务表现与国际化增长吸引了众多组织与研究机构的注意，也为公司赢来了许多奖项（表2.5）。

表2.4 2009~2014年哈蒙布莱恩主要商业指数

	2009	2010	2011	2012	2013	2014
税息折旧及摊销前利润（占营业额百分比）	17	21	18	16	18.4	10
息税前利润（占营业额百分比）	14	18	11	12	14	6
净资产收益率（百分比）	21.83	19.65	19.1	12.5	19.7	5.87
投资回报率（百分比）	9.52	8.92	10.9	4.23	11.3	5.88

注：数据来自哈蒙布莱恩2015年年度报告。

表2.5 哈蒙布莱恩所获奖项概览

获奖年份	颁奖组织/研究机构	奖项名称
2012	Cribis，D & B	最高可靠性企业
2010	那不勒斯工业联合会	创新企业
2008	安永	年度商业家
2008	帕姆比安科（Pambianco）	最高增长率企业
2008	邓白氏	最高可靠性企业
2007	意大利产业联盟	卓越意大利制造
2006	Eurispes	意大利卓越奖
2006	帕姆比安科/《24小时太阳报》	最高增长率企业
2005	裕信银行	意大利卓越冠军奖

注：数据来源于哈蒙布莱恩2015年年度报告。

企业历史

公司于1986年以家族企业的名义成立，最初的名字叫作PDM，由四兄弟[13]多梅尼科·梅尼蒂、恩佐·梅尼蒂（Enzo Menniti）、保罗·蒙特弗斯科（Paolo Montefusco）和马西莫·蒙特弗斯科（Massimo

Montefusco）创立。PDM最初主要通过代工的方式生产皮手套。皮手套是那不勒斯地区的典型产品，生产皮手套也是四兄弟古老的家族传统。然而20世纪90年代早期，由于一些负面事件以及消费者生活方式的变化，PDM决定扩大产品范围，生产高质量的领带，并注册了新的品牌名称"哈蒙布莱恩"，品牌的商标是一只小型腊肠犬。品牌的名称和标志的灵感来源于1700年哈蒙特公爵（Duke of Harmont）的故事，据传他曾和他的爱犬布莱恩长途跋涉寻找上好的布料，带给那不勒斯的裁缝，让他们制作高贵而独特的服装。除此之外，腊肠犬还是公认的具有灵敏嗅觉和智慧的警犬。

尽管做出巨大的改变，时尚的潮流仍旧难以预料：前卫的造型师认为公司生产的领带"已经过时了"。由于销售不利，公司的发展再次走了下坡路。四兄弟随后决定将公司的核心业务集中在男装生产上，并尝试用一套造型有趣、颜色鲜艳的男士泳裤来重新引导公司的发展方向，这一举动得到了市场的积极响应，激励着公司继续拓宽产品范围。凭借零售商在创意上的洞察力以及创始人敏锐的商业嗅觉，公司于1995年在卡普里（Capri）发布了第一个哈蒙布莱恩衬衫系列。哈蒙布莱恩为产品制定了全新的战略定位，风格介于拉夫劳伦的运动与法颂蓝⑭的新潮昂贵之间。20世纪90年代的时尚界普遍以纯正的暗色为美，如灰色和黑色，而哈蒙布莱恩的衬衫系列为当时的时尚界带来了真正的突破。其衬衫色彩鲜艳而又新潮时尚，创造了一种全新的多色混合、光鲜亮丽的服装风格，充分展现了意大利制造的定制服装之美。除精美的设计之外，产品沿袭传统的服装制作工艺，保证了衣物的柔软和舒适。

在接下来的几年中，公司在意大利和全世界范围内开设自己的品牌专卖店：2000年4月，第一家专卖店在那不勒斯开业；2001年，意大利国内各地及美国迈阿密也开设了品牌专卖店。品牌知名度在此期间大幅提升。为了建立牢固的品牌识别，2006年公司更名为哈蒙布莱恩有限公司。品牌名称和公司名称的统一，体现了品牌与企业价值观之间清晰透明的关系以及二者间的完美兼容。公司用创新和创意设计重新诠释了传统意大利制造产品的卓越品质。

2009年，公司开始实行"哈蒙布莱恩咖啡厅"计划，出售三明治、牛角包和咖啡，此创举不仅扩大了业务范围，为顾客提供了放松休闲的娱乐场所，更为实现长远目标——向顾客强调公司的价值主张做足准备。

两年后，面对商业合作方面的巨大机遇，公司与意大利本田汽车有限公司（Honda Awtomobili Italia Spa）展开联合品牌推广活动，第一款本田"CR-V 4WD哈蒙布莱恩限定款"汽车由此诞生。这次品牌合作提高了品牌知名度，增加了人们对于品牌的商标意识，也进一步强化了品牌定位（选自与多梅尼科·梅尼蒂2015年的访谈）。

2014年，哈蒙布莱恩的首家线上专卖店开业，公司在各大社交媒体（脸谱网、推特、领英、优兔网、照片墙）上建立主页，通过顾客分享或上传的信息、购物体验和想法进行互动，同时接收顾客提出的意见与建议。

2014年2月，哈蒙布莱恩终于结束了关于非法使用其品牌名称和标志的"中国之战"。这种非法使用品牌名称和标志的行为，严重损害了品牌在华声誉及营业收入。在过去几年中，假冒的仿制品充斥着世界市场。[⑮]正如首席执行官多梅尼科·梅尼蒂所宣称的："自2008年以来，各地警方查处了超过800起与伪造哈蒙布莱恩产品有关的犯罪。2016年1月，黎巴嫩警方还查封了一家未经授权使用商标并售卖假货的专卖店。为了保护我们的品牌，公司加强了与警方的合作，增强自身的监控系统、提升产品质量，以便顾客能够更好地辨别正品。"（选自与多梅尼科·梅尼蒂2016年的访谈）

在长达十年的法律纠纷中，哈蒙布莱恩关闭了12家专卖店，并终止了与当地合作伙伴签订的协议。直到中国专利局承认了哈蒙布莱恩系列品牌的所有权，才重新开放这12家专卖店并开设了5家出售童装系列的专卖店。图2.6总结了哈蒙布莱恩从1986年发展至今的重要事件。

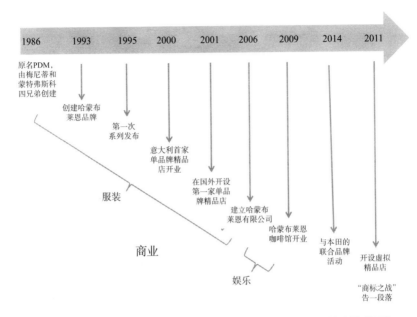

图2.6　哈蒙布莱恩发展大事记（注：作者根据商业出版物和官网数据制作此图）

哈蒙布莱恩的品牌战略

公司创始人自1993年起致力于打造并传播一个强大的国际知名品牌。强大的品牌识别［阿布瑞特（Abratt）& 克莱恩（Kleyn），2012；凯勒、布萨卡（Busacca）& 奥斯蒂略（Ostillio），2005］与品牌权益［尤（Yoo）、唐苏（Donthu）& 李，2000］至关重要，从1993年起，哈蒙布莱恩就在这方面付出了各种努力。强大的品牌识别来源于对企业品牌化四个方面的管理：视觉识别、品牌承诺、品牌个性、品牌传播（阿布瑞特 & 克莱恩，2012）。以下将从各个方面分析品牌表现。

视觉识别

视觉识别增强相关者对品牌的认知和联系，他们会将一段体验与特

定的品牌相关联，随着时间的推移对该品牌所属组织的声誉产生认知
（阿布瑞特 & 克莱恩，2012）。视觉识别依赖三种元素：品牌名称、标
志及其颜色［阿布瑞特 & 克莱恩，2012；美乐华（Melewar）& 桑德斯
（Saunders），1998］。哈蒙布莱恩最重要的视觉识别元素就是它的标志：
腊肠犬（图2.7）。这个符号从本质上反映了公司的理念和价值观，因为
腊肠犬是一种优秀的猎犬。虽然它体型小、四肢短，但拥有敏锐的嗅觉
和智慧。公司就像腊肠犬一样，在经济危机期间，磨炼出敏锐的感官与
超凡的智慧，成功渗透了意大利时装市场。品牌的名称和商标都是蓝色
（图2.7），意在表达品牌值得依靠、值得信赖、拥有高品质的产品。消费
定位更加大众的哈蒙布莱恩牛仔和运动产品线则使用灰色、黄色、紫红
色，以区别于主品牌。这些颜色能够让人联想到可靠、高品质、快乐和
实惠的价格。哈蒙布莱恩咖啡厅的标志用灰色与紫红色来凸显自身。

图2.7 哈蒙布莱恩各品牌标志和颜色（注：作者根据企业官网信息排列组合）

品牌承诺

品牌承诺既有功能性作用，也有情感性作用（阿布瑞特 & 克莱
恩，2012），保证了与客户和其他利益相关者有关的满意价值（哈梅德，
2011）。哈蒙布莱恩的品牌承诺也呈现出一系列功能利益和情感利益（图
2.8）。功能性特征基于原材料的质量、特点和材料加工技术。哈蒙布
莱恩采用上等面料（如真丝、棉、麻、山羊绒），制作中格外注重细节
（如所有产品上的腊肠犬商标均采用刺绣工艺），并进行高品质的缝合和
加工。产品的高质量由精挑细选的那不勒斯外包生产商来担保，这些业
务合作伙伴拥有专业的知识和工艺诀窍，在打造高质量奢侈品和寻求新

的面料使用方案时都非常值得信任。例如，最近有新闻报道一款可以反穿的女式防水夹克衫，它的布料、填充物和纽扣均由真丝制成。

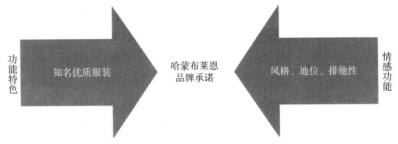

图2.8 哈蒙布莱恩的品牌承诺

[注：作者在阿布瑞特和克莱恩（2012）的论述基础上制作]

产品所体现的情感利益与公司提出的生活方式及意大利制造理念有关。"公司不仅在寻求面料与配色的创新用法上领先于人，还为那些寻找新的设计元素与功能的人提供他们所需要的风格。这也是我们的领先之处。"（哈蒙布莱恩，2015a）哈蒙布莱恩所有的产品线都表达同一个价值主张，其中包含经验与情感方面的特征，这能够让顾客联想到他/她所追求的生活方式。这些特征都基于对色彩、布料和一些细微变化的完美结合。这些细微的变化彻底改变了单色休闲装："模特、布料、纽扣、配饰组合在一起，创造出独特的东西。"（哈蒙布莱恩，2013）哈蒙布莱恩在传统的男装风格上确实实现了突破，如它设计的具有图案细节的有领短袖衫（图案在衣领和衣褶上），还有印着条纹和花朵的衬衣。

哈蒙布莱恩品牌承诺的本质是大胆创新、追逐潮流，以及打造鲜明的美感。它提供的不仅仅是一件时装产品，而是一种生活方式。"有些人希望通过自己的衣着来表达他们的个性，我们负责为这些人提供符合他们生活方式的服装。"（哈蒙布莱恩，2015a）它的品牌承诺是创意、情感与体验的结合体，是"他们所渴望的生活方式中的相关元素"（哈蒙布莱恩，2015a）。

品牌个性

　　品牌个性与品牌的情感利益紧密相连［明德鲁特（Mindrut）、马诺利卡（Manolica）& 罗曼（Roman），2015］，它表达整个企业的感受、想法和行动［凯勒和里奇（Richey），2006］。它还反映了与品牌相关的一系列关于人的特点（艾克，1997）。哈蒙布莱恩的品牌有着鲜明的个性，它的产品、创始人，以及公司采取的行动都对品牌个性起到强化作用。它还能够让人联想到诸如真诚、能力、振奋、精致等特点（图2.9）。

　　哈蒙布莱恩的第一个品牌个性就是它的真诚。这与公司创始人的正直诚实与产品的高质量都有密不可分的联系。创始人的正直诚实从公司的口号——"那不勒斯也可以"（From Naples it's Possible）中就可以看出。公司创始人选择这样的口号来强调，即便是在像那不勒斯这样以犯罪而闻名的地方，也能够诚实而不违背原则地进行交易。品牌的真诚还体现在它令人愉快的产品系列中，这些产品都出色地运用了地中海风格的颜色。

　　下一个个性特点是哈蒙布莱恩的能力，它的能力来源于古老的传统与精诚的合作。事实上，它的成功很大程度上依赖于代代传承的传统纺织业和高度专业化的中小企业，他们为知名品牌生产产品，并促进这些知名品牌间的相互合作，以此服务于整条供应链。合作也体现了哈蒙布莱恩秉持的理念。哈蒙布莱恩的员工习惯于团队合作，并且有很强的团队认同感。正如哈蒙布莱恩的首席执行官常说的一样，员工认为他们是一个"大家庭"中的一分子。五年来，公司一直坚持实施"员工满意度行动"，旨在激励员工，并在奖励制度的基础上让员工感到满意。然而，公司真正的优势在于与员工维持多年的关系：为了表彰员工，哈蒙布莱恩会将员工的优秀子女推荐至设计学院深造。这样做的目的有二：其一，加强公司与员工之间的纽带；其二，将技能传授给未来有可能进入公司工作的年轻人。除此之外，公司还为有健康问题或经济困难的员工家庭提供支持。

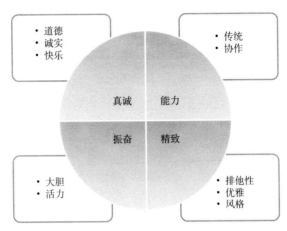

图2.9　哈蒙布莱恩的品牌个性［注：作者根据艾克（1997）的论述制作］

　　第三点，品牌的令人振奋源于创始人的勇气，以及他们解决负面事件并适应消费者生活方式变化的能力。随着时间的推移，他们成功地发现了新的市场机会，如生产领带和衬衫，并为男性提供"整体外观"的系列产品。这证明哈蒙布莱恩是一个充满活力、能够捕捉流行趋势和消费者需求的品牌。公司至今生产了超过10000款有领短袖衬衫以及约750款衬衣。首席执行官非常喜欢讲述20世纪90年代第一套衬衫系列发行时的故事。当时，为了解决市场上对手套需求的急剧下降，公司决定通过发行一套不走寻常路的系列产品来寻求突破。这一系列产品要完全不按常理出牌，吸引那些已经厌倦了主流时装黑白色调的、追求新意的消费者。但在20世纪90年代早期，纺织布料的种类并没有那么丰富。布料会因品质、工艺和稀有程度而有所不同，但是颜色和图案数量都比较少。就像当年的哈蒙特公爵一样，四兄弟开始带着他们的腊肠犬标志搜寻新奇的创意，却毫无收获。但他们坚持不懈，终于与一家叫作英吉利娜（Inglesina）的生产婴儿车的公司达成协议。这家公司为他们提供大胆而富有想象力的布料，这些布料之前从未应用于服装的生产。后来，四兄弟又与一家纺织品公司合作，希望提高这些布料的舒适度，以便用于制衣。

哈蒙布莱恩的最后一个个性是品牌的精致。这种精致与它的优雅、独特，以及意大利风格有很大关系。其产品均使用高品质的创新面料，精于细节，又有高品质的缝合与加工工艺，它们就是意大利卓越品质的代名词。

品牌传播

品牌传播功能是管理品牌与顾客、员工、供应商、零售商、媒体和社会关系的核心元素〔泽希尔（Zehir）、萨希纳（Sahina）、基塔普（Kitapc）& 奥扎因（Özsahin），2011〕。哈蒙布莱恩的品牌传播始终旨在将顾客对产品质量、产品声誉、产品风格的感受与品牌联系起来。因此，公司每年都会将收入总额的9%用于品牌传播活动，直至2015年，由于全球经济危机，公司才将用于品牌传播的开支削减至收入总额的3%（选自与多梅尼科·梅尼蒂2015年的访谈）。基于冯莱尔（Van Riel）1995的论述，哈蒙布莱恩的品牌传播活动可以分为三类：（1）与众多利益相关者进行组织性的交流；（2）公司内部管理层的交流；（3）为了增加产品销量，与顾客进行的市场交流。

首先，与利益相关者的组织性沟通会激发人们对品牌及其产品、公司及其创始人的兴趣，并进一步引发对这些事物的关注，从而达成广泛的共识，获得媒体的关注。这些活动包括公共关系维护、赞助、公司广告以及与名人的广告合作。值得一提的是，到目前为止，约有30名来自时尚、体育和娱乐界的名人与品牌签订了正式和非正式的合作协议[16]，这将助力加强品牌知名度、品牌形象和消费者认知，因为名人通常与"质量保证"联系在一起。出生于意大利那不勒斯的足球运动员法比奥·卡纳瓦罗（Fabio Cannavaro）是哈蒙布莱恩的官方代言人，随后在2006年赢了世界杯冠军、欧洲金球奖和国际足联世界足球先生的荣誉。由于这位代言人的出色表现，哈蒙布莱恩自此与成功和好运联系在一起。此外，每家公司的活动，如新店开业、新品发布，或是公司组织的一场时尚活动，都会成为具有影响力的沟通渠道，从而加强品牌形象，并传播品牌的精髓与它所强调的地中海风格生活方式。例如，哈蒙布莱恩品牌专卖店曾举办"时尚之夜"活动，用于推崇品牌提出的地中海风格、意大利风格生活方式（图2.10）。同时，社交媒体也可以完成公司设计的沟通计划，并且将人们在公司官方网站上交流的问题进行整合。每种类型的社交媒体都能与大量的利益相关者进行互动，并且实时上传他们的信息。哈蒙布莱恩将公司网站和社交网络主页作为工具，用来讲述品牌故事，从而说明品牌的历史与价值［拉索·斯佩纳（Russo Spena），科鲁西奥（Colurcio）& 梅里亚，2013］。

图2.10　哈蒙布莱恩的时尚之夜（来源：哈蒙布莱恩的脸谱网官方主页）

其次，管理沟通的目标是加强组织的群体认同，让所有员工参与到追求公司的价值观、使命和目标中来。尽管哈蒙布莱恩的市场表现良好、规模巨大，但它也像许多家族企业发展而来的大型公司一样，保持着家族管理的风格，会优先考虑员工对公司的影响。20世纪80年代末，公司经历了危机，公司的创始人为了避免解雇员工而做出了很多努力，这也能够证明公司与员工之间的联系非常紧密。员工也会在特殊的场合中最大限度地回报公司，如尽全力投入新店开业、新品发布等活动。在这种情况下，所有员工都会齐心协力去做出最大的努力，而不考虑回报。"合作精神深深根植于哈蒙布莱恩的基因之中。"（选自与多梅尼科·梅尼蒂2015年的访谈）在正式和非正式会议上的对话是能让员工们感到满意的主要交流方式，此外还有一些用于激励员工完成公司和部门目标的福利。

最后，营销沟通活动也符合企业传播的目标。广告主要强调公司举办的重要活动，比如新品发布、新店开业、时尚活动宣传，以及品牌参与的影响重大的时尚活动。在全世界发行的报刊杂志上发布广告（图2.11）是一种群体交流的方式。植入式广告也是一种推广品牌的方法，哈蒙布莱恩的产品在很多电视节目和电影中都有出现。户外广告是一种传统的传播工具，哈蒙布莱恩主要用这种工具来传播品牌相关的信息，以及提升品牌形象。在拓宽中国市场时，户外广告的投放非常有效（图2.12）。

图2.11　主流报刊上关于哈蒙布莱恩的报道（来源：哈蒙布莱恩官网）

图2.12　哈蒙布莱恩在中国的户外广告（来源：哈蒙布莱恩官网）

结论与潜在影响

时装行业目前已趋向于高度竞争［巴德瓦杰（Bhardwaj）& 费尔赫斯特（Fairhurst），2010］，需要对消费者不断变化的生活方式做出快速反应［韦瑞特（Wheelright）& 克拉克（Clark），1992］。哈蒙布莱恩展示了从意大利家族企业到成功建立品牌识别的国际化企业的演变过程。其富有创意的休闲风格传达了精致之美；品牌提倡优质面料，如真丝、棉、麻、山羊绒，专注细节和高品质的缝制与加工工艺。公司所有的市场活动都致力于提升品牌的声誉和形象。品牌名称、标志（腊肠犬）和颜色都有助于品牌识别，是公司理念和价值观的有力象征。品牌的功能性和情感性承诺，与它充满活力、激情而又传统、独特的品牌个性一起，建立并加强了品牌识别。此外，在国际时尚大都会开设专卖店和旗舰店也有助于强化品牌识别［阿布瑞特 & 克莱恩，2012；摩尔、多赫蒂（Doherty）& 杜瓦勒（Doyle），2010］。多年来，哈蒙布莱恩一直坚持与高品质和品牌忠诚度建立积极的联系，在国际时尚界享有很高的声誉和良好的品牌形象。

哈蒙布莱恩的竞争优势主要依赖于它以四个核心策略为基础的市场营销方向，这些策略大大增强了它深入人心的品牌意识（艾克，1997），并维持了出色的市场表现。哈蒙布莱恩产品的优秀之处体现在意大利制造，用创意设计重新诠释意大利传统服装工艺。哈蒙布莱恩基本上通过分包商进行生产，于是就产生了与分包商的合作关系。它的生产总监高度参与到对分包商的周期性评估之中，也会对工人进行训练。每一个新产品系列生产之初，公司都会训练分包商如何处理布料，以及如何满足特定市场与顾客的需求。所有产品都按照生产人员制定的检查表进行管理。为了对新的产品系列进行保密，建立可信赖的合作关系［古梅松（Gummesson），2004］也非常重要，需要保密的项目涉及颜色、图案、商品类型、布料、纱线等。与织物供应商的合作对于提高产品质量也很重要：供应商是创新的源泉，他们经常提出关于纱线和织物的全新解决方案，还有提高产品功能质量的全新可能性。这样的合作也促进了品牌自身的成长与学习，就像不同的参与者们一起工作时为完成创新，将资源、知识、创意整合在一起［勒斯克（Lusch）＆南比桑（Nambisan），2015］。

哈蒙布莱恩的店铺中有一部分并不由公司直接管理，因此与下游伙伴的合作对于公司发展和保护品牌形象而言也很重要。哈蒙布莱恩致力于与零售商发展长期关系，并且向他们提供非常优惠的奖励政策［圭尔奇尼（Guercini），2001］。零售商、百货公司、豪华酒店都是它的伙伴，他们的市场总监经常到访公司，这些合作伙伴的商品陈列、店内沟通活动以及促销活动都由公司安排；最近，哈蒙布莱恩推出了一份"忠实计划"来激励和回报它的零售伙伴。

哈蒙布莱恩的案例给中小型企业上了重要的一课。第一，说明中小型企业可以通过与分包商和提供高品质创新布料的供应商合作实现优质的产出［科鲁西奥（Colurcio），2009］。这样的合作超出了商业合作的界限，重在信息和知识的分享（卡里德、梅里亚&科鲁西奥，2016）。另外一点值得中小型企业学习的是在进行国际扩张时需要进行战略规划。哈蒙布莱恩在中国市场遭遇的仿冒品事件体现了公司的远见。起初，四兄弟因仿冒品的数量而自满，低估了这些仿冒品造成的负面影响。后来，他们及时地采取了保护品牌的战略，如一系列打造品牌意识的活动，专注于广告宣传，以期减少收入的下降幅度。

归功于公司创始人的深谋远虑，哈蒙布莱恩已经足以应对挑战。然而其品牌传播并不是公司战略规划的一部分。公司还有一些计划外的促销活动，如每年向名声正盛的演员、足球运动员、表演家等赠送衬衫。这些行动并不能保证有效，行动的效果取决于发言人的意愿。由此产生了一个关键问题：如果不采取传播方面的长期战略规划，这样的行动是可持续发展的吗？另一个需要考虑的问题是，随着数字智能技术的应用范围越来越广，公司不得不对其品牌进行数字化管理，这意味着需要开发平台，而哈蒙布莱恩也可能将其资源投入其中。

注　释

① 那不勒斯学派以裁缝兄弟会为基础，成立于1351年。在那不勒斯作为"两西西里王国"首都的时期，这座城市是与伦敦、巴黎相媲美的社会经济和时尚中心的参照点。那不勒斯学派也在这个时期到达了它的巅峰。1611年，那不勒斯的607名裁缝获得兄弟会的认可，兄弟会批准他们进行裁缝的工作。1887年，一名那不勒斯的裁缝撰写了一篇名为《剪裁的艺术》（the Art of the Cut）的论文，获得了国际社会的认可。迄今为止，那不勒斯的裁缝传统已享誉全球，正如英国《金融时报》（the Financial Times）于2015年1月27日发表的一篇文章所论述的那样："如果用对比研究的方法来研究意大利，那么那不勒斯和它的裁缝们将是最引人注目的部分之一。在意大利南方的城市正走下坡路、逐渐衰退、一些街道被犯罪组织控制时，那些能够使用一双巧手，剪裁并缝制出与这座城市慵懒和奢华之美相称的西装的裁缝们，渐渐地

赢得了属于他们自己的财富。"［桑德斯（Sanderson），2015］

② 邓白氏等级会根据公司的整体情况，针对企业的可靠程度进行综合性、预测性地排名，等级为1到4级（1级为企业的最高可靠性）。

③ 自2005年开始，AGB公司与哈蒙布莱恩签订独家分包协议，成为哈蒙布莱恩的童装生产线产商。

④ 2016年，集团将会成立另外两家新的子公司，一家位于美国，一家位于西班牙。子公司负责4家时装店（马德里店、巴塞罗那店、皮尔特巴勒斯店、马拉加店）、15家在英格列斯百货中开设的店面以及四分之三的品牌直销折扣店的运营（选自与多梅尼克·梅尼蒂2015年的访谈）。

⑤ 在坎帕尼亚，三大主要的意大利纺织品生产区坐落在：

　　a. 圣朱塞佩韦苏维亚诺（San Giuseppe Vesuviano）纺织工业区（意大利南部最大的纺织品生产区，拥有超过4000家专门生产男装、女装、童装的公司，也有生产布料、窗帘的公司等）；

　　b. 圣阿加塔戈蒂-卡萨普拉（Sant'Agata dei Goti-Casapulla）纺织工业区（专注于夹克衫、休闲裤、针织服装、衬衫、皮衣的生产）；

　　c. 圣马科代卡沃蒂（San Marco dei Cavoti）纺织工业区（在某些生产工序上具有高度专业化的水平，如剪裁布料和打包成衣）。

⑥ 玛丽内拉的总部位于那不勒斯，是一家有着超过百年历史、历经三代传承的公司，主要生产高品质手工定制领带。该品牌的商品只在它的6家专卖店（那不勒斯店、米兰店、伦敦店、东京店、香港店、卢加诺店）以及欧洲、亚洲（日本伊势丹百货）、美洲（美国纽约、华盛顿）的一些小型店铺中有售。这家公司最有名的顾客是历任美国总统，前至肯尼迪（Kennedy），后至比尔·克林顿（Bill Clinton），还有胡安·卡洛斯（Re Juan Carlos）和摩纳哥亲王阿尔贝二世（Prince Alberto Ⅱ of#Monaco）。

⑦ 基顿主要生产高品质手工定制服装，每一件产品都需要25～50小时的工序。该品牌所有的产品都只通过位于欧洲（巴黎、伦敦、巴塞罗那、维也纳、莫斯科）、亚洲（新加坡、东京），以及美国（迈阿密、纽约、旧金山、休斯敦）和部分中东国家（迪拜、阿布扎比）的专卖店销售。

⑧ 哈蒙布莱恩咖啡厅2013年的收入达到55.5万欧元（比2012年的25.0703万欧元上涨了121%）（哈蒙布莱恩，2013）。然而，目前公司依然决定专注发展核心业务。

⑨ 自"国际大都会"计划实施以来，截至2016年年底，公司计划在更多的城市

开设店铺，如伦敦、纽约、东京、新加坡（选自与多梅尼克·梅尼蒂2015年的访谈）。

⑩ 例如，哈蒙布莱恩莫斯科专卖店开业期间，商店的所有橱窗上都装饰有三名舞者，分别身着不同颜色的衣服，代表俄罗斯国旗上的三种颜色。因为意俄两国人民都非常善舞，这样的装饰强调了意俄两国之间的文化关联。

⑪ 通过开设工厂直销店，公司控制住了未售出的库存的流动，监控品牌服装的情况，并且增加了短期流动性（选自与多梅尼克·梅尼蒂2015年的访谈）。

⑫ 整个时装产业的盈利能力有所下降。2013年，行业平均投资回报率与前一年相比降低了1.5%（选自《时装与奢侈品行业调查报告》，SDA博科尼管理学院，2015）。

⑬ 四兄弟是同母异父的兄弟，他们的母亲当时改嫁给了蒙特弗斯科先生，蒙特弗斯科先生是他们母亲的第二任丈夫。

⑭ 法颂蓝于1950年在法国尼斯（Nice）成立，是一家国际化的企业。公司产品远销欧洲、亚洲、非洲和美洲。法颂蓝是一个世界知名的高端品牌，生产的男女装系列始终在时尚潮流的前端。

⑮ 在中国，品牌被抢注的现象十分普遍。意大利企业进入中国市场时，常常发现一些中国公司已经注册了相同的品牌名称。中国在品牌注册方面实行"先来后到"的原则，哪一方首先提出申请，哪一方就能够获得商标权。在一些案例中，中国企业家得到了意大利同名商标的所有权后，或是利用意大利同名商标的声誉，或是试图将同名商标所有权出售给它们原本属于意大利的企业。这些"影子公司"主要位于香港，因为香港的法律文书和公司注册的处理都格外迅速，并且当地的商标局既不对公司实施背景调查，也不检查公司申请的商标是否已被注册。一般来说，意大利企业别无选择，只能付钱了事。但哈蒙布莱恩并没有妥协，而是选择向中国专利局的上诉部门进行诉讼。显然上诉部门支持哈蒙布莱恩的诉求，并最终将商标专利权转让给了意大利哈蒙布莱恩公司。这一决定现在已经生效（选自与多梅尼克·梅尼蒂2016年的访谈）。

⑯ 非正式合作协议，指知名的国内外哈蒙布莱恩品牌爱好者由于参加了品牌生涯中至关重要的时刻（如新店开业、新品发布、品牌组织的时尚活动等，甚至有些爱好者只是单纯地购买了本品牌的商品），而自发性地帮助增强品牌的形象。与哈蒙布莱恩有非正式合作关系的国际知名人士有：西尔维斯特·史泰龙（Sylvester Stallone）、安东尼·德龙（Antony Delon）、凯

文·史派西（Kevin Spacey）、海伦·亨特（Helen Hunt）、碧昂丝（Beyonce）、肖恩·科里·卡特（Jay-Z）、马西米利亚诺·罗索里诺（Massimiliano Rosolino）（游泳运动员，意大利奥运冠军）。

参考文献

［1］Aaker, J. L. (1997). Dimensions of brand personality. *Journal of Marketing Research*, 34(3), 347–356. doi:10.2139/ssrn.945432

［2］Abratt, R., & Kleyn,N. (2012). Corporate identity, corporate branding and corporate reputations: Reconciliation and integration. *European Journal of Marketing*, 46(7/8), 1048–1063. doi:10.1108/03090561211230197

［3］Bhardwaj, V., & Fairhurst,A. (2010). Fast fashion: response to changes in the fashion industry. *The International Review of Retail, Distribution and Consumer Research*, 20(1), 165–173. doi:10.1080/09593960903498300

［4］Caridà,A., Melia, M., & Colurcio,M. (2016). Business model design and value co-creation. Looking for a new pattern. In T. R. Spena,C. Mele,& M. Nuutinen (cur.),*Co-innovating: activity,practice,learning and social context in innovation* (pp. 339–364). Cham,Switzerland: Springer.

［5］Colurcio, M. (2009). TQM: a knowledge enabler?. *The TQM Journal,21(3),* 236–248. doi:10.1108/17542730910953013

［6］Fashion & Luxury Insight. (2015). Report – Altagamma Bocconi. *SDA BOCCONI*. Milan,Italy.

［7］Guercini, S. (2001). Relation between branding and growth of the firm in new quick fashion formulas: analysis of an Italian case. *Journal of Fashion Marketing and Management: An International Journal*, 5(1), 69–79. doi:10.1108/EUM0000000007280

［8］Gummesson, E. (2004). Return on relationships (ROR): the value of relationship marketing and CRM in business-to-business contexts. *Journal of Business & Industrial Marketing,*19(2),136–148. doi:10.1108/08858620410524016

［9］Hameide, K. (2011). *Fashion branding unraveled*. New York: Fairchild Books.

［10］Harmont & Blaine. (2013). Bilancio Consolidato al 31 dicembre 2013. Retrieved from http://www.harmontblaine.it/

［11］ Harmont & Blaine. (2015a). Company profile October 2015. Retrieved from http://www.harmontblaine.it/

［12］ Harmont & Blaine. (2015b). Annual report. Retrieved from http://www.har montblaine.it/

［13］ Hamont & Blaine Facebook. (2015). In *Facebook* [Official company page]. Retrieved from https://www.facebook.com/HarmontBlaine/

［14］ Harmont & Blaine Website. (2015). Retrieved from http://www.harmontblaine. it/Keller, K. L., Busacca, B., & Ostillio, M. C. (2005). *La gestione del brand. Strategie e sviluppo.* Milan, Italy: Egea.

［15］ Keller, K. L., & Richey, K. (2006). The importance of corporate brand personality traits to a successful 21st century business. *Journal of Brand Management*, 14(1/2), 74–81. doi:10.1057/palgrave.bm.2550055

［16］ Lusch, R. F., & Nambisan, S. (2015). Service innovation: a service-dominant logic perspective. *MIS Quarterly*, 39(1): 155–175.

［17］ Melewar, T. C., & Saunders, J. (1998). Global corporate visual identity systems: standardization, control and benefits. *International Marketing Review*, 15(4), 291–308. doi:10.1108/02651339810227560

［18］ Melia, M., Colurcio, M., & Caridà, A. (2014). In-store communication to improve the customer experience. *International Journal of Applied Behavioral Economics*, 3(4), 55–70. doi:10.4018/ijabe.2014100104

［19］ Mindrut,S., Manolica, A., & Roman, C. T. (2015). Building brands identity. *Procedia Economics and Finance, 20*, 393–403. doi:10.1016/S2212-5671(15)00088-X

［20］ Moore, M. C., Doherty, A. M., & Doyle, S. A. (2010). Flagship stores as a market entry method: The perspective of luxury fashion retailing. *European Journal of Marketing*, 44(1/2), 139–161. doi:10.1108/03090561011008646

［21］ Russo Spena, T., Colurcio, M., & Melia, M. (2013). Storytelling e web commu-nication. *Mercati e Competitività*, 5, 99–119. doi:10.3280/MC2013-001007

［22］ Sanderson, R. (2015). Tailors from Naples are back in style. *Financial Times.* Retrieved from http://www.ft.com/cms/s/0/50879ef0-a314-11e4-9c06-00144feab7de.html#slide0

［23］ Van Riel, C. (1995). *Principles of corporate communication.* Hemel Hempstead:

Prentice Hall.

［24］Wheelright, S., & Clark., K. (1992). *Revolutionizing product development: quantum leaps in speed, efficiency, and quality.* New York: The Free Press.

［25］Yoo, B., Donthu, N., & Lee, S. (2000). An examination of selected marketing mix elements and brand equity. *Journal of the Academy of Marketing Science,* 28(2), 195–211. doi:10.1177/0092070300282002

［26］Zehir, C., Sahina, A., Kitapç, H., & Özsahin, M. (2011). The effects of brand communication and service quality in building brand loyalty through brand trust; the empirical research on global brands. *Procedia Social and Behavioral Sciences,* 24, 1218–1231. doi:10.1016/j.sbspro.2011.09.142

作者简介

　　玛利亚·科罗西奥博士是意大利卡坦扎罗大学副教授，在校教授市场营销、创意管理课程。目前研究价值共建、服务创新。曾在《服务管理杂志》（*Journal of Service Management*）、《服务营销杂志》（*Journal of Service Marketing*）、《服务质量管理》（*Managing Service Quality*）等知名期刊发表论文。

　　莫尼亚·梅里亚博士是意大利卡坦扎罗大学博士后研究员，于2011年获经济与健康管理博士学位。在校教授市场营销课程。目前研究零售市场营销、服务创新和数字营销。曾在稿件须经专家评审的国内外书籍及期刊上发表过论文。

第三章

菲拉格慕：品牌传承在品牌扩张与国际化中的主导作用

玛丽亚·卡梅拉·奥斯蒂里奥 & 莎拉·加达尔

Maria Carmela Ostillio & Sarah Ghaddar

摘要： 与许多其他共同构成意大利经济结构的家族企业一样，萨瓦托·菲拉格慕最初只是一间作坊，但很快就发展为一家业务遍及全球的大公司，同时以其组织结构和身份保持着家族企业的核心精神。如今，该公司在全球超过90个国家拥有33家子公司。菲拉格慕集团一直以追求一致性作为企业的品牌战略，品牌传承是其价值主张和品牌定位的固有特征，即使在品牌扩展和国际化的过程中也一直固守着这一精神。秉

玛丽亚·卡梅拉·奥斯蒂里奥（联系地址）
意大利米兰，SDA博科尼管理学院

莎拉·加达尔
意大利米兰，SDA博科尼管理学院，克劳迪奥·德玛特（Claudio Dematté）研究部——市场营销系

© 作者（年代）2017
金炳昊、埃琳娜·塞德罗拉（编），时尚品牌与传播，Palgrave案例研究：全球时尚品牌管理，
DOI 10.1057/978-1-137-52343-3_3

持这一理念，菲拉格慕公司在其88年的历史进程中，从最开始的单一产品逐步发展成为拥有众多品类的成熟企业；从以产品为主导的品牌转变为以零售为主导的品牌；从一家家族企业发展为一家有着全球业务的上市公司。

关键词：品牌传承；品牌形象；品牌扩展；国际化；品牌管理；家族企业

介　绍

萨瓦托·菲拉格慕品牌成立于1928年，以其创立者命名。萨瓦托·菲拉格慕先生是一名出生于意大利南部、思想开明的鞋匠。2014年品牌销售额达到7.361亿欧元，其中80%都得益于出口。如今，该公司在全球超过90个国家开展业务，以亚太地区的市场份额最大。

菲拉格慕公司的成功可以归功于其品牌传承在新产品发布和新市场战略中作为主要发展载体的功能。由于业务的集中决策方法，菲拉格慕家族在其中起着主导作用，以及母公司菲拉格慕股份有限公司与其广泛的供应商网络之间的强大整合，都有效地保持了品牌的一致性。

本章着重论述了萨瓦托·菲拉格慕集团的企业品牌化战略，并且评价了其集团的三次转型过程：一为从单一产品公司转型为多品类的公司；二为从以产品为主导的品牌转型为以零售为主导的品牌；三为从家族企业发展一家有着全球业务的上市公司。在介绍品牌战略、品牌定位和品牌传承在企业战略过程中起到的重要性之前，会先概述公司的历史发展。这些分析将为研究人员和管理者提供一些有用的启示，以及预测公司未来可能面临的挑战。

目前的案例是根据曾经的集团高管的采访、总部和公司博物馆的实地考察，以及各种资料的磋商，包括年报、贸易和学术期刊、书籍、文章、网站与大众媒体提供的英语和意大利语版本的资料来撰写的。

公司概述

意大利奢侈品牌菲拉格慕集团只经营一个品牌。但通过企业的品牌战略，集团为男性和女性提供广泛的产品类别，从鞋履、皮具、服装、丝绸产品、珠宝到其他各种各样的配饰。这其中也包括授权第三方许可制造的眼镜和手表。

菲拉格慕集团由萨瓦托·菲拉格慕有限公司（母公司）和菲拉格慕香水公司［菲拉格慕和恩加罗（Ungaro）品牌的子公司，用于生产和销售香水产品］组成，还有直接或间接由母公司掌握绝大多数股份的33个子公司。萨瓦托·菲拉格慕的母公司是集团中唯一的制造公司，负责产品的生产和分销网络的管理。总的来说，集团共有3900名员工，其中包括668名高管、中层管理人员和店铺经理，2987名办公室员工，还有245名男女工人；集团中的母公司拥有880名员工。

生产过程中的一部分外包给意大利的工厂，但其价值链中最重要的管理和组织由公司内部负责。集团直接管理第一生产阶段（产品发展和原型设计），另外还负责生产期间和成品的质量控制。母公司萨瓦托·菲拉格慕公司和其供应链网络的整合，使得董事会可以控制生产过程中价值链的关键阶段。菲拉格慕集团拥有一个广泛的分销网络，通过直接零售渠道覆盖90多个国家，包括373个直营店铺、一个由270家单一品牌店铺组成的批发渠道，以及由第三方进行管理的店中店（Stores-in-stores）和其他的多品牌零售渠道。其中批发渠道包括百货商场、奢侈品专业零售商、旅游零售及机场中的免税商店和专卖店，这些渠道确保公司在不够大或发展得不够好的市场内持续发展。

2014年，菲拉格慕公司的总营业收入额为13.318亿欧元，相较2013年增长了5.9%。其中2014年的销售总收入为7.361亿欧元，较2013年增长5.0%（表3.1）。就销售总收入而言，亚太地区（30.5%）加上日本地区（6.2%）的销售总收入占据了最大的份额，欧洲地区的销售收入包括意大利在内占36%，北美地区占22.4%，中美和南美地区占4.6%（表3.2）。截至2014年12月31日，亚太地区和日本共同覆盖了该公司全球网络的50%，位于日本的单品牌专卖店的数量最多，大大超过意大利的店铺数量。根据产品组合分类，鞋履和皮革制品分别占据销售额的45%和39.3%（表3.3）。菲拉格慕集团目前同时拥有线下和线上两种渠道，但电子商务和全渠道整合在实际的业务上带给公司很大的挑战。电子商务由集团直接管理，目前已在一些欧洲国家，以及美国、韩国、日本和墨西哥上线。

表3.1 2010～2014年菲拉格慕财务报表

	2010	2011	2012	2013	2014
总销售收入（百万欧元）	386.6	526.1	598.5	701.2	736.1
息税前利润（百万欧元）	54.5（销售收入的14.1%）	81.4（销售收入的15.5%）	104.4（销售收入的17.4%）	153.3（销售收入的21.9%）	168.4（销售收入的22.9%）
净利润（百万欧元）	28.4	76.3	106.9	105.5	107.2
出口份额	84.1%	84.1%	82.0%	82.8%	81.3%
集团员工数	2.827	3.125	3.322	3.764	3.900
商店总数	578	593	606	624	643
商店总数中的直营店数	—	323	338	360	373
商店总数中第三方运营店铺的数量	—	270	268	264	270

息税前利润（EBITDA）：利息、税项、折旧和摊销前的盈利。
注：由作者根据菲拉格慕集团2010～2014年年度报告制作。

表3.2 2010～2014年菲拉格慕按地理区域划分的销售收入（百万欧元）

	2010	2011	2012	2013	2014
总销售收入	386.6（100.0%）	526.1（100.0%）	598.5（100.0%）	701.2（100.0%）	736.1（100.0%）
意大利	61.3（15.9%）	83.5（15.9%）	107.5（18.0%）	120.4（17.2%）	138.0（18.7%）

续表

	2010	2011	2012	2013	2014
欧洲地区（除意大利外）	67.5（17.5%）	87.8（16.7%）	98.1（16.4%）	122.0（17.4%）	129.5（17.6%）
北美地区	79.3（20.5%）	109.6（20.8%）	127.0（21.2%）	153.4（21.9%）	164.6（22.4%）
亚太地区（除日本外）	121.5（31.4%）	175.6（33.4%）	191.7（32.0%）	215.7（30.7%）	224.5（30.5%）
日本	38.7（10.0%）	43.6（8.3%）	46.5（7.8%）	53.3（7.6%）	45.3（6.2%）
中美洲和南美洲地区	18.3（4.7%）	26.0（4.9%）	27.7（4.6%）	36.4（5.2%）	34.2（4.6%）

注：由作者根据菲拉格慕集团2010~2014年年度报告制作。

表3.3　2010~2014年菲拉格慕的产品销售收入（百万欧元）

	2010	2011	2012	2013	2014
总销售收入	386.6（100%）	526.1（100%）	598.5（100%）	701.2（100%）	736.1（100%）
鞋	164.9（42.7%）	228.2（43.4%）	269.2（45.0%）	321.6（45.9%）	331.2（45.0%）
皮具	132.7（34.3%）	188.8（35.9%）	213.1（35.6%）	255.2（36.4%）	288.9（39.3%）
服饰	51.6（13.3%）	63.2（12.0%）	65.3（10.9%）	69.7（9.9%）	65.8（8.9%）
饰品	37.4（9.7%）	45.9（8.7%）	50.9（8.5%）	54.7（7.8%）	50.2（6.8%）

注：由作者根据菲拉格慕集团2010~2014年年度报告制作。

公司历史

"明星鞋匠"时代

萨瓦托·菲拉格慕1898年出生于意大利南部的阿韦利诺省（Arellino）的博尼图（Bonito）小镇，是家里14个儿子中的第11个。11

岁时在那不勒斯的一位鞋匠处做学徒，13岁时他便回博尼图开了一家自己的鞋铺。菲拉格慕在一个普通的农民家庭中长大，年幼的他不和同龄的孩子一起玩耍，相反，经常去他家乡的鞋匠路易·费斯塔（Luigi Festa）那里观看他工作。鞋履、材料以及各种形状早已成为他的心爱之物，他的父母甚至不理解他为什么会对这些感兴趣。菲拉格慕的父母为了分散他还不算深入的兴趣，便决定送他去其他领域做学徒——理发工、木匠甚至是裁缝，然而菲拉格慕不为所动，正是因此才有了他后来的成功。菲拉格慕9岁时，家里的经济条件不允许他姐姐买一双在成人礼上穿着的传统白色单鞋，于是他从城里可靠的鞋匠处索要了一些材料，自己做出了第一双鞋，送给他的姐姐。当第一次世界大战在欧洲爆发的时候，他想要寻找机会使自己的技能与新技术结合，于是16岁的菲拉格慕在1914年搬去了美国。

20世纪初，美国不仅在款式上，而且在组织生产能力和结构以及制造技术上都是鞋类行业的中心。皮革行业的重大技术变革始于18世纪末和19世纪初的美国，并得到了大规模的发展，这使得鞣革的生产价低且品质高。然而一些欧洲国家，尤其是德国和法国，自认为本国的技术和美国不相上下，但是意大利还没有发生此方面的技术革新。确切地说，意大利中部和南部尽管有着悠久的皮革加工传统，但仍然使用缓慢的鞣革工艺，这种工艺方法很快将在世界范围内被转鼓、滚筒所取代——新技术的诞生可以将鞣革生产的时间从8个月大幅缩短到48小时。技术的空缺导致意大利制鞋产业面临低效能和低收益的问题。

对于萨瓦托·菲拉格慕来说搬去美国发展不仅意味着开阔眼界，还意味着在没有成本限制的情况下集思广益。曾有一次在美国，他和他的一个兄弟见面，这个兄弟在波士顿为"女王品质"（Queen Quality）品牌制鞋工厂工作。萨瓦托刚来美国不久时也曾在这间工厂短暂地工作过，在这之后他很快搬到加利福尼亚的圣巴巴投奔另一个兄弟，也正是在这里他的事业开始飞黄腾达。在加利福尼亚，萨瓦托·菲拉格慕开了一家修鞋店，开始为美国电影公司和新萌芽的电影产业工作，为西部片制作牛仔靴，为历史类影片制作罗马或希腊凉鞋。与电影导演、演员们的密切合作使菲拉格慕高工艺质量的鞋子获得了广泛赞赏。同时，菲拉格慕也在不断寻找提升制鞋技术的新方法，他在南加利福尼亚大学学习解剖学，专注研究足弓，以优化鞋子的舒适度。

20世纪20年代早期，电影行业转移到了好莱坞，萨瓦托也紧随其后。1923年，"好莱坞鞋靴店"（Hollywood Boot Shop）的开张标志着萨瓦托"明星鞋匠"职业生涯的开始，这也是当地媒体对他的美誉。许多电影明星开始成为他店铺的常客，比如玛丽·毕克馥（Mary Pickford）、罗道夫·华伦天奴（Rodolfo Valentino）、小约翰·巴里摩尔（John Barrymore Jr.）、道格拉斯·费尔班克斯（Douglas Fairbanks）和格洛丽亚·斯旺森（Gloria Swanson）。萨瓦托声名鹊起，知名度和媒体的关注使得他成为公认的时尚标志，并在时尚行业获得一席之地。他逐渐调整了女鞋的流行规则，改变了鞋履的风格，引入新的潮流款式，如凉鞋。

20世界20年代后期，萨瓦托·菲拉格慕思乡心切、心系传统意大利工艺，便回到了家乡。美国让他接触到了这一时期的最新技术，但由于缺乏熟练的劳动力，他也失去了他所习惯的传统工艺。菲拉格慕一回到意大利，就选择在佛罗伦萨这个有着悠久工艺传统的城市站稳脚跟，他的生意很快就越来越受到国际时尚界的青睐。

在佛罗伦萨，菲拉格慕寻找到了传播自己思想的完美温床，充斥着他对材料、细节、装饰、刺绣和花边的热爱。图3.1展示了一个钩针编织鞋面的例子，完美体现了传统的手工工艺过程。

在美国，他能够实现自己的想法而不用考虑成本；在意大利，他能够将他的想象力带到生活中，而不受限于繁复的刺绣和珍贵的材料。实力和附加价值成就了萨瓦托·菲拉格慕的创作，他将外国制革厂生产的最具创新性的皮革与传统的意大利手工技术相结合，如嵌花和花边，同时，将产品出口到美国市场以满足更大的需求量。在他的新实验室中，他将流水线

图3.1　传统工艺开发的钩针鞋面（来源：萨瓦托·菲拉格慕博物馆存档）

生产纳入了传统的工匠制造工艺，这一系统使他能够应对日益增加的美国订单。他还引入了美国的尺码系统，以便制造各种大小和宽度的鞋履。

然而，1929年美国华尔街爆发金融危机，其出口量大幅下滑，与美国的业务关系遭受了重创，导致他在1933年失败。20世纪30年代对萨瓦托来说是一个挑战，通过在欧洲市场取得一席之地，并加强其在意大利国内市场的地位，他重新点燃了自己的事业。

1936年，萨瓦托·菲拉格慕在佛罗伦萨中心地区的斯宾尼·费罗尼宫（Spini Feroni Palace）旁边租了两间工作室。20世纪40年代，为了克服第二次世界大战期间原材料短缺的问题，酒椰叶纤维、塞璐玢薄膜、布匹、金属丝、木材和合成树脂成为制造大多数鞋帮的必备材料。同时，鞋跟经历了形状和质地的变化，产生了一种广受欢迎的菲拉格慕楔形跟，由撒丁岛软木取代皮革和钢材制成。事业上的不断成功促使萨瓦托在1938年赚到了购买整座斯宾尼·费罗尼宫的首付款。他将一层作为自己的工作室，二层作为店铺。同年，他在伦敦和罗马分别开了两家分店。时至今日，这座大宅依然是菲拉格慕公司的总部。

战后，菲拉格慕的鞋履成为意大利样式的代表而享誉全球，产生了今天仍然具有标志性和流行性的重要发明，如因玛丽莲·梦露（Marilyn

Monroe）而广受欢迎的金属加强细高跟鞋，以及由尼龙钓鱼线制成的金色凉鞋和隐形凉鞋。后者在1947年获得了享誉盛名的"内曼·马库斯奖"（Neiman Marcus Award），这一奖项是由美国最受欢迎的百货公司之一内曼·马库斯创立，又被称为"时尚界的奥斯卡奖"。这是该奖项第一次颁发给一位鞋履设计师，也是第一位意大利人获奖。菲拉格慕的事业在接下来的几十年顺风顺水，随着其品牌全球知名度的逐年攀升，斯宾尼·费罗尼宫也成为国际时尚业一个热门地标。

电影行业和电影明星们一直心系菲拉格慕，诸如葛丽泰·嘉宝（Greta Garbo）、索菲亚·罗兰（Sofia Loren）、安娜·玛格娜妮（Anna Magnani）、温莎公爵（the Duke of Windsor）和奥黛丽·赫本（Audrey Hepburn）这些名人经常会去佛罗伦萨，专门在他的店铺定制鞋履。到1950年，公司雇用了750名员工，平均每天手工制作350双鞋履。

最终，工业化进程、意大利经济的转型、竞争格局的变化以及新制鞋商的进入，促使萨瓦托重新考虑他的生产方法。经济繁荣，购买力增强，进入时尚行业的渠道扩大。许多公司将市场重点从严格挑选的客户转移到迎合不断壮大的中产阶级。20世纪50年代后期，萨瓦托·菲拉格慕提议以双生产线为中心，通过引入部分机械生产系统，开辟了一条专注于中级生产的生产线；另外一个手工生产线则延续他的传统制鞋活动。因此，在继续生产手工鞋的同时，菲拉格慕推出了两条产品副线，费里纳鞋（Ferrina shoes）和菲拉格慕·德布斯（Ferragamo Debs），这两条产品线是在英国生产的，使用部分机械化的生产系统（60%手工制作，40%机器制作）。

此外，同一时期，萨瓦托开始发展产品多样化，制造了他的第一款包袋和印花丝巾，上面有用意大利语标注的显著标识。1959年，他开发了一个由他的二女儿乔凡娜（Giovanna）设计的运动装系列，随后他女儿又为北美洲最古老的奢侈品百货罗德泰勒（Lord and Taylor）开发了女士成衣系列。

20世纪50年代，公司从手工制造业发展到大规模生产，由一间作坊发展成一家公司。这期间诞生了菲拉格慕品牌的标志，用创始人签名的图形绘制取代了"菲拉格慕的作品"的原始标签。菲拉格慕儿时的梦想得以实现，其家人会继续完成一个由萨瓦托·菲拉格慕构想的新目标：把公司改造成一个完全焕然一新的品牌。

菲拉格慕家族的遗产：有形资源与无形资源

直到1960年62岁的萨瓦托·菲拉格慕去世，他的个人经历以及他自己实现的梦想已经与意大利时装史有了深刻的联系。他的妻子旺达女士（Miss Wanda），此时突觉自己是公司的掌权者，尽管当时她的工作是照顾3~19岁的6个孩子。

菲拉格慕的大女儿菲艾玛（Fiamma）（1941–1998）是萨瓦托6个孩子中唯一与父亲密切合作的一个，因此她成为制鞋行业的负责人，还开创了一项新的决定，即开始工业生产以扩大分销，并在价格竞争中站稳脚跟。尽管如此，她还是决定保留一些手工制作的步骤。如果说20世纪50年代的日常生产相当于350双手工鞋，那么10年后，这一数字会升至2000双，因此生产外包给了坎帕尼亚大区的那不勒斯和托斯卡纳大区的小工厂，这里是皮革和鞋类生产的最佳地区。组织结构逐步成型，其特点是外包生产和决策过程的集中化。

此外，在萨瓦托·菲拉格慕去世后，其家族面临着市场对公司品牌潜力缺乏信心的危机。得益于萨瓦托·菲拉格慕广泛的还未生产的设计存稿，使其制鞋产业得以延续。起初是靠自己，后来在儿女们的支持下，旺达·菲拉格慕（Wanda Ferragamo）成功地克服了富有挑战性的传承所带来的困难，巩固了公司的品牌地位和声誉，同时也将公司的传统和遗产发扬光大。在她的领导下，公司完成了从单一产品品牌到多品类品牌的转型，拥有了一个全球性的商业分销系统，包括全球网络的单品牌店铺，并与时装零售业最优质的多品牌客户建立了合作关系。

即使在生产转向工业化，产品线扩展到鞋类以外的领域，该公司坚持保留了部分手工制造，同时注重细节，这仍然代表了该品牌的主要特征。因此，菲拉格慕家族能够在不违背品牌传统的前提下，完成公司历史品牌延伸和全球零售的两个关键步骤。它保留了对过去的尊重，同时也为未来奠定了基础。

从家族企业到上市公司的转变

20世纪90年代末，公司经历了多年的快速发展和国际扩张，标志着新管理层的逐步加入，以此来支撑公司的发展进程。这一阶段在2006年达到顶峰，任命了新的首席执行官米歇尔·诺尔萨先生（Michele Norsa）①，他曾在贝纳通（Benetton）、马佐托（Marzotto）和华伦天奴时装集团担任高级管理职务。与此同时，萨瓦托最大的儿子费鲁乔·菲拉格慕（Ferruccio Ferragamo）和旺达·菲拉格慕分别担任集团总裁和名誉董事长。

2011年6月29日，菲拉格慕股份有限公司在米兰证券交易所上市，最终转型成一家上市公司。在新的组织结构中，许多萨瓦托·菲拉格慕的后代担任公司董事会的成员，作为品牌顾问和品牌价值的担保人。

公司品牌战略化的发展

菲拉格慕集团通过保持其身份和价值观的一致性来重塑自身，同时也得益于三个关键转变：①从一间单一产品公司发展为多品类产品公司；②从一间以产品为导向的品牌转变为以零售为导向的品牌；③从一间家族企业转变为一间上市公司。

菲拉格慕集团的特别之处就是其一直不断追求一个和谐的企业品牌化战略模式，该集团在品牌扩张和品牌国际化过程中用品牌传承作为其主要的航标。下一个部分将介绍品牌传承的概念并探讨菲拉格慕品牌历史发展的两大关键因素：品牌扩张和品牌国际化。

品牌传承作为菲拉格慕品牌的支柱性战略

任何品牌都可以从回归本源中受益，并从一开始就确定是什么使其变得特别和成功。一个企业品牌通常是本源，这比其他产品品牌更富有意义和关联性（艾克，2004）。品牌传承是指：

> 一个品牌身份的维度，蕴含在它的记录、寿命、核心价值、符号的使用中，特别是在组织信念中，它的历史是重要的。品牌传承是加强企业层面营销的一种方式，适用那些需要传承的企业。传承是这些品牌的一个重要组成部分［乌德（Urde）、格雷瑟（Greyser）& 巴尔默（Balmer），2007，第4~5页］。

从顾客的角度来看，品牌传承可以被定义为消费者对品牌的看法，这反映在消费者记忆中的品牌联想里（凯勒，1993）。这些联想可以被定义为实际的需要（如品质、功能等），或者作为象征元素［巴特（Bhat）& 雷迪（Reddy），1998；德尔洛（Del Río）、巴斯克斯（Vazquez）& 伊格莱西亚斯（Iglesias），2001］。从战略角度来看，这在全球市场上发挥着杠杆作用。本章下个部分将会探讨萨瓦托·菲拉格慕的品牌传承是如何被挖掘和保存的。

品牌传承：功能性和象征性的资产

> 美丽没有极限，设计没有饱和点，鞋匠的材料没有止境，这样每个女人都可以穿得像公主，而公主可以穿得像皇后。50年来，我制鞋的材料没有限制。我使用过钻石、珍珠，或真或假；金粉或银粉；来自德国、英国、美国的精良皮革；绸缎和丝绸、蕾丝和刺绣、玻璃和玻璃镜、羽毛；鱼鳞、毛毡、透明纸、蜗牛壳、酒椰叶纤维；珠子、亮片、尼龙（比皮革更坚韧，尽管也很脆弱）；还有透明纸覆盖的刺以及使用合成纤维来代替

酒椰叶纤维、生丝、海草、羊毛［来自萨瓦托·菲拉格慕1957年出版的自传《梦想鞋匠：萨瓦托·菲拉格慕的自传》(*Shoemaker of Dreams: the Auotobiography of Salvatore Ferragamo*)］。

萨瓦托对朴素材料的想象力和热情，以及对细节的细致关注，突出地体现在他创作的两个特点上：鞋跟与鞋帮，这两个特点即使在今天也让这个品牌与众不同，当然还有他对颜色的独特运用。萨瓦托沉迷于世界艺术，特别是当代历史时期的一些艺术运动。艺术运动和色彩发挥了核心作用。这种对艺术的热爱和好奇心，促使他与几位参与意大利未来主义艺术运动的艺术家建立并维持了良好的关系。其中包括朱塞佩·兰德斯曼（Giuseppe Landsmann）［艺名卢西奥·文纳（Lucio Venna）］，他为萨瓦托提供了四幅素描和一份宣言（图3.2）。文纳还创作了一个鞋内

图3.2 文纳为萨瓦托·菲拉格慕绘制的海报（来源：萨瓦托·菲拉格慕博物馆存档）

标签"菲拉格慕制作，意大利佛罗伦萨"（Ferragamo's Creations Florence Italy），这个标签直到今天还在使用。

鞋面构成了他的个人色调和他的艺术倾向。他不断地运用色彩和几何图案——结合、勾画和切割。例如，从20世纪20年代晚期开始，拼接便成为他鞋子系列的主要元素之一，通过这种方式，他将皮革和纺织品结合成同种风格。

鞋跟可以设计成不同的形状——笼式、"字母F"型、楔型、细高跟等（图3.3），也可以使用各种不同的材料。1955年笼式鞋跟被独创出，可根据具体场合与礼服搭配不同织物包裹的鞋跟。

萨瓦托·菲拉格慕以直觉、想象力和创造力重新解释了传统鞋匠的大众形象。他经常表示，他并没有创造"趋势"，但他的风格持续影响着今天的时尚产业。他的鞋子颜色也相当独特，因为在那时鞋子的颜色普通倾向于柔和的中性色。

好奇心让他开始思索鞋类功能与人体解剖学的关系。不是依靠他人定义的功能性解决方案，他成为第一个研究脚关节上的体重分布的鞋业工匠，以帮助穿戴者稳定身体的平衡和适应自然运动。多年来，他获得了几项结构创新的专利。

除了这些实用的功能资产外，萨瓦托·菲拉格慕还能够通过强调鸟

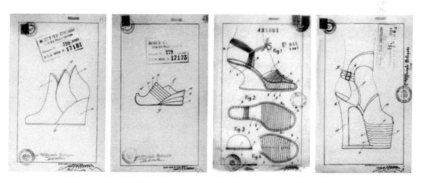

图3.3　不同形状的鞋跟（来源：萨瓦托·菲拉格慕博物馆存档）

托邦式的精神资产，创造出一种实用的功能资产与象征意义之间的理想匹配。在现代营销和传播实践展开之前，象征主义似乎是他交际方法的重点。他在不同的交往中，反复使用斯宾尼·费罗尼宫并不是一个偶然的巧合。意大利画家皮埃特罗·安尼戈尼（Pietro Annigoni）在20世纪50年代创作了一幅斯宾尼·费罗尼宫的画像，用于菲拉格慕的包装、广告和信笺中。这幅画于1961年又使用在菲拉格慕的第一批围巾系列中（图3.4），并且一直销售至今。同样历史风格的宫殿图案，后来还被用于2011年"灵感和视觉"（Inspiration and Vision）的菲拉格慕博物馆展览中。

图3.4　印有斯宾尼·费罗尼宫图案的菲拉格慕围巾
（来源：萨瓦托·菲拉格慕官网，检索于2015年12月16日）

第一款菲拉格慕香水的推出，在强大的广告宣传支持下，旨在强调这种神话和审美的维度。例如，以神话人物伏尔甘（Vulcan）[②]和维纳斯（Venus）的结合作为元素来代表品牌的美学与身份，强化了这种神话般的维度。基于传达品牌功能维度的目的，许多照片表现了萨瓦托俯身在荧幕明星或普通女性的身边，帮助她们测试鞋子的尺寸（图3.5）。表3.4为基于弗洛克（Floch）（1990）符号学分析方法对菲拉格慕进行的品牌价值主张分类研究。

图3.5 帮女性试鞋的菲拉格慕（来源：萨瓦托·菲拉格慕博物馆存档）

表3.4　菲拉格慕的品牌价值主张

品牌价值主张	
功能维度	乌托邦/神话维度
萨瓦托：工匠，制造商，鞋匠	萨瓦托：艺术家，明星鞋匠，实现的梦想
鞋类和结构技术的功能方面（舒适性和耐用性、重心平衡、解剖学研究等）	艺术方面：色彩的创新运用和材料的创新运用（鱼鳞、有机玻璃、尼龙、黄金等）
实际需求（如质量、功能） 经济价值（如良好的性价比）	符号元素： 从博尼图（靠近那不勒斯）到费罗尼宫，途经好莱坞； 伏尔甘（象征萨瓦托）和维纳斯（象征银幕明星）； 与"意大利"有关的符号（如费罗尼宫在各种交流传播方式中的使用

注：作者基于弗洛克（Floch，1990）提出的消费价值符号的分析模型制作。

品牌博物馆：体验品牌的传承

　　品牌的神话和客户对公司历史与身份的识别通过企业博物馆得到了强化和延续。在企业博物馆中，品牌传承这一无形资源的概念变得有形。品牌博物馆通常注重追溯品牌的历史，突出创始人和其他重要人物的贡献，展示过去的文件、照片和产品。这些博物馆在品牌认同和品牌形象的发展中发挥着战略性作用［尼斯莱（Nissley）&卡塞伊（Casey），2002］③。

　　萨瓦托·菲拉格慕博物馆于1995年5月开业，是为了纪念这位创始人的历史，以及他在当代鞋业和时尚业的历史进程中所扮演的角色，目的是强化品牌的形象。此外，与博物馆相连的是一个专注于鞋类研究的中心，其图书馆和资料档案都反映了鞋类纯粹功能性的重要性。该博物馆以10000双鞋（包括鞋类和模型）、文件、照片和鞋匠工艺为特色，记录了萨瓦托·菲拉格慕先生职业生涯的整个过程（1927~1960年）。一些物品则揭示了萨瓦托·菲拉格慕与当时的艺术和艺术家的关系，比如未来主义画家。其他则记录了他对完美搭配的不断追求，以及特殊结构和材料的创新发明，从1936年获得专利的著名软木楔鞋跟，到"二战"期间使用编染酒椰叶纤维和塞璐玢两种质料制作的鞋面。

2000年，在文化资产和活动部，以及工业、贸易和手工业部与多家民间组织的通力合作下，1929～1964年以萨瓦托·菲拉格慕的名义注册的专利和公司商标共计368件。在制鞋业，这是拥有专利数量最多的一个单一商标。博物馆目前正在研究萨瓦托1927年之前的事迹，当时他在美国是"明星制鞋匠"。

1985年，菲拉格慕家族与皮蒂宫（Pitti Palace）的服装长廊合作，并得到佛罗伦萨市政府的赞助，举办了第一次回顾展，以纪念创始人逝世25周年为主题。这次展览是意大利第一批将时尚视为文化和当代艺术现象的展览之一。现有文献的价值、数量和独特性促成了将该展览转变为永久性博物馆的契机。

1999年，为了表彰该博物馆的文化价值和多年来的努力，萨瓦托·菲拉格慕博物馆获得了"古根海姆印象文化奖"（Premio Guggenheim Impresa e Cultura），该奖项每年颁发给在文化领域做出最有影响投资的公司。这座博物馆建筑于2000年被修复，现在向世人骄傲地展示着17和18世纪佛罗伦萨艺术的杰作，包括贝纳迪诺·珀希蒂（Bernardino Poccetti）在教堂里创作的壁画。博物馆于2006年扩张，实际上占据了大楼的整个地下室，共有七个空间：前两个是关于萨瓦托·菲拉格慕的历史和作品，为期两年，轮流展出其创作的鞋履模型；其他五个空间则举办历时6个月的不同主题的展览。它的目标是以现代的方式重新诠释艺术、设计、服装和品牌之间的联系，同时与全球领先的文化机构建立合作关系。最近的展览加强了萨瓦托·菲拉格慕与电影世界的联系，以及品牌的身份和价值。表3.5展示了2010～2015年菲拉格慕博物馆举办的主要展览。

除了永久收藏外，博物馆还会通过巡回展览将萨瓦托·菲拉格慕的作品带到国外，提高品牌知名度，并在全世界推广其独特的价值。其中最著名和成功的是，1998年在日本Sogetsu Kai基金会举办的名为"百年风尚：萨瓦托·菲拉格慕——鞋的艺术1927–1960"的展览。该博物馆举办的另一个著名展览是"奥黛丽·赫本：一个女人的风尚"。这个展览于1999～2001年在世界范围内循环展出，从佛罗伦萨的菲拉格慕博物馆，到悉尼的动力博物馆、东京的Nihombashi-Mitsukoshi博物馆和法兰克福的德国电影博物馆。这种对广泛受众的关注还表现在提供不同语言的导游，并与当地机构、酒店、旅行社、学校、博客、书店、会议、研讨会、工作坊和档案馆定期举办活动与合作。

表3.5　2010～2015年菲拉格慕博物馆中的展览

展　览	时　　期	参观者人数	月平均访客数
葛丽泰·嘉宝	2010年5月13日～2010年10月18日	12,472	2,495
艺术法则	2010年11月18日～2011年5月5日	9,348	1,700
灵感和视觉	2011年5月27日～2012年3月12日	24,391	2,567
机密档案	2012年3月21日～2012年6月1日	6,590	2,865
玛丽莲	2012年6月20日～2013年3月30日	49,178	5,177
神奇的鞋匠	2013年4月19日～2014年5月15日	46,651	3,589
平衡	2014年6月19日～2015年4月23日	35,815	3,582

注：作者根据萨瓦托·菲拉格慕博物馆数据制作。

品牌传承作为品牌扩张和国际化的主要支柱

萨瓦托·菲拉格慕的品牌传承在其品牌逐渐地扩张中得以体现（图3.6）。起初，该公司将其产品定位于女性，在20世纪60年代中期推出了服装以及皮具（手袋、行李箱、腰带、钱包和其他小型皮具配件），随后在70年代初推出了丝绸产品和配饰。20世纪70年代中期，开始出现男性产品。从20世纪90年代末到现在，公司逐步推出了香水和眼镜等辅助性产品，最近还推出了手表和珠宝。在所有这些品牌扩张中，集团充分利用了已建立的品牌形象，并将产品定位于与萨瓦托·菲拉格慕鞋业相同的市场地位。萨瓦托最初的品牌理念，被描述为古怪与优雅的融合，满足了不同服饰文化所产生的不同市场的需求［里奇（Ricci）、莫罗齐（Morozzi）、菲拉格慕 & 贡（Kung），2009]。从20世纪80年代中期开始，菲拉格慕在亚太地区开始了第一次国际化行动：1986年在中国香港，1991年在日本，1994年在中国内地，最后1995年在韩国。20世纪90年代末和21世纪初，拉美和亚洲南部地区纷纷开始进入其国际化版图，最早是于1999年入驻墨西哥城，印度在2006年紧随其后。最近的努力主要集中在中东国家，如阿拉伯联合酋长国和卡塔尔（图3.7）。根据2014年12月31日集团的年度报告，国际市场主要由33家位于主要城市的当地子公司运营：14家在远东地区，9家在欧洲地区，10家在美国（其中两家正在清算中）（图3.8）。

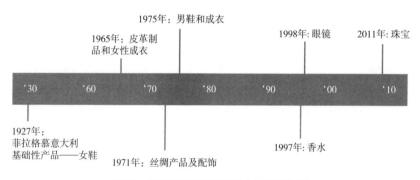

图3.6　菲拉格慕的品牌拓展（按时间排序）

（来源：作者根据萨瓦托·菲拉格慕2014年可持续发展报告发布的数据详细阐述）

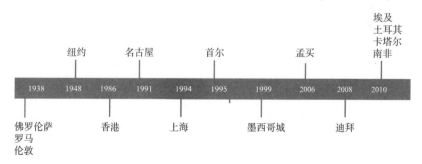

图3.7　直营店铺的开张（按时间排序）[来源：作者根据菲拉格慕集团副总裁索菲亚·丘奇（Sofia Ciucchi）在演讲时发布的数据制作]

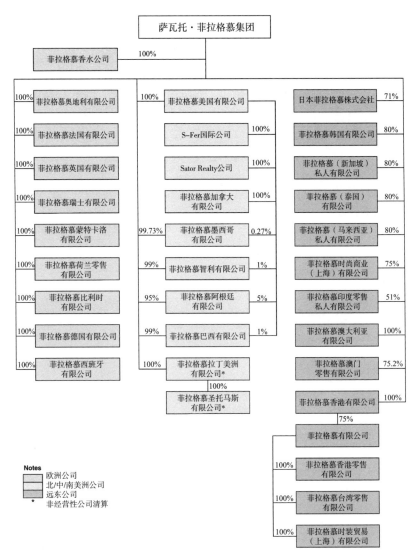

图3.8　菲拉格慕集团结构（来源：菲拉格慕集团年度报告，2014）

　　菲拉格慕集团的品牌传承在追求国际化的同时，在门店和产品提供上坚持严格的标准化。门店的选择是基于它所在位置和知名度方面与品牌定位的一致性。这种标准化的方法降低了零售层面的管理复杂性，提高了消费者对品牌的认知度。走进米兰的菲拉格慕门店与走进东京或伦敦的门店并无多大差异，这种标准化之所以成为可能，是因为集团直接运营58%的门店，62%以上的销售额来自于这些直营店。此外，单一品牌专卖店，包括零售和整个批发渠道，代表了大部分的分销网络，在品牌定位中扮演着重要的角色。

总结和对未来发展的展望

萨瓦托·菲拉格慕是最早出口意大利时装产品的人之一；他塑造了人们今天所熟知的"意大利制作"的标签。可以说，他开创了手工技艺和工业生产的融合与平衡，以及使用与意大利品位相关的形象来传达他的品牌调性。"意大利制作"的概念诞生于战后时期，即所谓的意大利经济奇迹时期［保利切利（Paulicelli），2014］。"意大利制造"一词与制造业的起源并没有什么独特的联系，它首先传达了一种品味和风格，这种品味和风格在历史上可以追溯到文艺复兴时期，尤其是佛罗伦萨。更具体地说，在时尚行业，"意大利制造"这个词已经被广泛地与创造力和手工艺联系在一起。

所有这些标志性的元素——意大利品味、电影明星、意大利传统工艺和创造力，甚至是文艺复兴象征——都可以在菲拉格慕品牌里寻到踪影。这些元素一直有意识地被其创始人和家庭成员运用至今。在菲拉格慕品牌88年的历史中，其一直在塑造着时尚行业"意大利制造"的意义。正如许多商业公司一样，品牌是由一开始的工作坊发展到如今的全球性企业，同时在组织结构和品牌身份中始终保持家族企业精神的。

更确切地说，菲拉格慕集团历经了三次转型期，即从一家单一产品公司发展为多品类产品公司；从一家以产品为导向的品牌转变为以零售为导向的品牌；从一家家族企业转变为一家上市公司。它的企业品牌战略将品牌传承作为其价值的内在特征和全球品牌定位的资产。菲拉格慕集团的品牌传承——功能和符号构成了其品牌价值主张的"重点"，它的一致性和连续性是关键所在，以及面对时代变迁始终坚定的品牌定位。在这些变革性的过程中，菲拉格慕塑造了一个充满神话色彩和叙述层面的品牌形象，他的家族现在依然承担着品牌守护者的角色。例如，公司决定将创始人的签名作为品牌标识。

在企业品牌扩展和国际化的两个关键发展轨迹中，利用品牌遗产的传承，并通过集中式决策过程和针对不同产品类别及市场的共享集团组织模式，才有可能实现。

公司一直处于传统与创新之间的紧张状态，将其创始人和品牌传承定义为公司发展的指导方向。在全球范围内，随着时间的推移，菲拉格慕在品牌意识和品牌一致性的结构中凝聚了实力和战略资产。然而，这些也可能成为一项挑战，主要是如何将这种强大的资产转化为新的动态交流方法。

注　释

① 2016年4月，米歇尔·诺尔萨（Michele Norsa）宣布将在年底前退出菲拉格慕集团。

② 在古罗马宗教和神话中，伏尔甘是金属加工和锻造之神。他被认为是象征了艺术、武器、铁和珠宝的制造商。

③ 菲拉格慕博物馆（Salvatore Ferragamo Museum）是博物馆协会的48个成员之一，由意大利企业博物馆和档案中心组成。该协会列举了几个类别，如食品、设计、时装、机车、经济与社会、研究与创新，可以投资相关遗产开发和传承的博物馆建设。

参考文献

[1] Aaker, D. A. (2004). Leveraging the corporate brand. *California Management Review*, 46(3), 6–18. doi:10.2307/41166218

［2］ Bhat, S., & Reddy, S. K. (1998). Symbolic and functional positioning of brands. *Journal of Consumer Marketing*, 15(1), 32–43. doi:10.1108/07363769810202664

［3］ Ciucchi, S. (n.d.). *Salvatore Ferragamo*. [PowerPoint Presentation].

［4］ Del Río, B. A., Vazquez, R., & Iglesias, V. (2001). The effects of brand associations on consumer response. *Journal of Consumer Marketing*, 18(5), 410–425. doi:10.1108/07363760110398808

［5］ Ferragamo, S. (1957). *Shoemaker of dreams. The autobiography of Salvatore Ferragamo*. London: George G. Harrap & Co.

［6］ Ferragamo, S. (2014). Bilancio di Sostenibilità 2014. Retrieved from https://www.enel.com/it-it/Documents/FinancialReports/report2014/enel_bilan cio_sostenibilita_2014.pdf

［7］ Floch, J. M. (1990). *Sémiotique: marketing et communication. Sous Les Signes, Les Stratégies*. Paris: PUF.

［8］ Keller, K. L. (1993). Conceptualizing, measuring, and managing customer-based brand equity. *Journal of Marketing,* 57(1), 1–22. doi:10.2307/1252054

［9］ Nissley, N., & Casey, A. (2002). The politics of the exhibition: viewing corporate museums through the paradigmatic lens of organizational memory. *British Journal of Management,* 13(S2), S35–S45. doi:10.1111/1467- 8551.13.s2.4

［10］ Paulicelli, E. (2014). Fashion: the cultural economy of made in Italy. *Fashion Practice,* 6(2), 155–174.

［11］ Ricci, S., Morozzi, C., Ferragamo, W., & Kung, S. (2009). *Salvatore Ferragamo evolving legend* 1928–2008. Milan: Skira.

［12］ Salvatore Ferragamo Group. (2010). Annual report. Retrieved from http://group.ferragamo.com/wps/wcm/connect/e7fce6a8-faac-41fe-ba80- b 2 ad 2a 5b 9fc 4 /Consolidated+Annual+ Report+2010.pdf? MOD= AJPERES&CACHEID=e7fce6a8-faac-41fe-ba80-b2ad2a5b9fc4

［13］ Salvatore Ferragamo Group. (2011). Annual report. Retrieved from http://group.ferragamo.com/wps/wcm/connect/1a12078e-4da3-4009-af60-3c2391f1c983/Separate+Annual+Report+2011.pdf?MOD=AJPERES&CACHEID=1a12078e-4da3-4009-af60-3c2391f1c983

［14］ Salvatore Ferragamo Group. (2012). Annual report. Retrieved from http://group.ferragamo.com/wps/wcm/connect/66d4279f-cfcd-42c9-b4ca- 23d7736c469f/

Consolidated+Annual+Report+2012.pdf?MOD=AJPERES

[15] Salvatore Ferragamo Group. (2013). Annual report. Retrieved from http://group.
ferragamo.com/wps/wcm/connect/43f89b07-6f9f-46a8-bcd0- 37dff9c4c402/
Separate+Annual+Report+2013.pdf?MOD=AJPERES

[16] Salvatore Ferragamo Group. (2014). Annual report. Retrieved from http://
group.ferragamo.com/wps/wcm/connect/9ba067c7-e287-4ba7-971d-
4a4acc505341/Annual+Report+as+at+31+December+2014.pdf?MOD=
AJPERES&CACHEID=9ba067c7-e287-4ba7-971d-4a4acc505341

[17] Salvatore Ferragamo Museum. (n.d.) Salvatore Ferragamo museum archive.
Retrieved from http://www.ferragamo.com/museo/en/usa/

[18] Salvatore Ferragamo website. (2015). Company website. Retrieved from http://
www.ferragamo.com

[19] Urde, M., Greyser, S. A., & Balmer, J. M. T. (2007). Corporate brands with a
heritage. *Journal of Brand Management*, 15(1), 4–19. doi:10.1057/palgrave.
bm.2550106

作者简介

玛丽亚·卡梅拉·奥斯蒂里奥是米兰SDA博科尼管理学院里品牌学院的院长和核心教员，教授品牌管理硕士课程。在获得MBA学位之前，她曾在一些服务行业和分销行业的公司工作。之后，她一直与战略管理和市场营销领域的知名咨询公司合作。她发表过关于市场营销、企业传播和品牌管理、直接与互动营销、一对一营销、客户数据库和营销信息系统的论文。

莎拉·加达尔是米兰SDA博科尼管理学院的研究员。她拥有跨国公司和中小企业市场部工作的专业经验，专注于数字营销、搜索引擎优化及营销和消费者行为分析。她的研究方向是消费行为、顾客中心性、价值共创和数字营销。

第四章

托德斯：一家具有传统品味的全球化多品牌公司

玛丽亚·卡梅拉·奥斯蒂里奥 & 莎拉·加达尔

Maria Carmela Ostillio & Sarah Ghaddar

摘要：和其他许多意大利公司一样，托德斯（Tod's）集团最初是一家家族企业，后发展成一家拥有四个品牌［托德斯、豪格（Hogan）、费伊（Fay）和罗杰·维威耶（Roger Vivier）］的全球时尚集团。集团品牌已进入37个国家的市场，截至2014年，集团销售总收入为9.665亿欧元，其中约70%来自海外市场。托德斯集团实行双重管理方法：（1）上游采用垂直战略决策过程，以整体降低集团成本与提升运营效率；（2）下游采用水平运营，以保证多元化、同一性的品牌设计、营销和零售管理。

玛丽亚·卡梅拉·奥斯蒂里奥（联系地址）
意大利米兰，SDA博科尼管理学院

莎拉·加达尔
意大利米兰，SDA博科尼管理学院，克劳迪奥·德玛特研究部——市场营销系

金炳昊、埃琳娜·塞德罗拉（编），时尚品牌与传播，Palgrave案例研究：全球时尚品牌管理，
DOI 10.1057/978-1-137-52343-3_4

集团采用混合品牌战略，核心品牌托德斯采用企业主导战略，其他品牌（费伊、豪格、罗杰·维威耶）则侧重品牌主导战略。托德斯是集团核心品牌，领导着集团的全球市场，全球70%的门店和2014年销售总收入的60%来自该品牌。本文介绍了集团独特的品牌传播方式及对企业社会责任的承诺，特别是所在地区、环境、利益相关者和员工福利等方面。

关键词：品牌组合策略；多品牌公司；零售店；企业社会责任

介　　绍

一些消费者可能会因为其英语名称，认为托德斯是来自英国或美国的品牌。但实际上托德斯集团的历史应追溯到意大利 [西布鲁克（Seabrook），2004]。集团总部位于意大利马尔凯地区的一个小镇凯塞特·德特（Casette D'Ete）[圣埃尔皮迪奥阿马雷（Sant'Elpidio a Mare）]，德拉瓦勒（Della Valle）家族的原始业务开始于此。如今，集团经营着四个自主品牌——托德斯、费伊、豪格和罗杰·维威耶——并仍然积极参与着鞋类、皮革制品和配饰的创作、生产与分销。截至2014年，集团销售收入9.665亿欧元，其中约70%来自出口。

凭借清晰的品牌组合，托德斯集团涵盖了从平价产品到奢侈品牌的广泛市场细分。该集团为其产品组合中的每个品牌创建了清晰的标识，从而提高了每个品牌的知名度和形象。核心品牌托德斯在全球市场上处于领先地位，占2014年销售总收入的60%左右，占全球70%的门店。在其325家品牌商店中，托德斯拥有216家门店，包括139家直营店和77家特许经营店。在国际推广的过程中，托德斯利用意大利制造、意大利传统手工艺、所谓的意大利生活方式，以及意大利风格和哲学方面的标签构建自己的身份，以便在全球范围内脱颖而出。集团积极参与地方和国家的各项业务，将意大利特色作为核心价值主张。

本章将重点介绍集团的历史、概况、最近的市场结果、品牌组合策略（尤其是托德斯作为支柱品牌的策略）以及企业社会责任（CSR）路径。对后者的讨论将突出集团对其当地领土和人力资源管理的承诺，作为其价值主张和企业哲学的独特组成部分。

这个案例基于作者在2015年5月对托德斯集团总部的访问，以及几次面谈，涉及范围从制造业员工到高层管理人员。还分析了来自公司年度报告、贸易和学术期刊、书籍、文章、网站以及其他英语、意大利语媒体来源的二手数据。

托德斯集团简史

托德斯集团始于20世纪初，当时一位名叫菲利波·德拉·瓦勒（Filippo Della Valle）的绅士在意大利马尔凯地区的凯塞特·德特小镇创办了一家小型家庭经营的鞋类工作室。20世纪40年代创始人去世后，家族企业由他的儿子多里诺·德拉·瓦勒（Dorino Della Valle）继承，到20世纪70年代之后，多里诺的第一个儿子迪雅哥·德拉·瓦勒（Diego Della Valle）继续经营着这家鞋厂。虽然没有任何官方故事来解释品牌的名称，但据说是迪雅哥为了寻求一个易于发音和记忆的英文单词，他在电话簿上发现了名字"托德（Tod）"，于是做出了这个决定。

20世纪60年代，在多里诺的领导下，最初的鞋店发展成一家鞋厂，被称为"德拉瓦勒鞋厂"，位于马尔凯地区历史悠久的鞋类区。从20世纪70年代中期开始，该公司除了创造、生产和销售自有品牌的鞋子系列外，还与拉克鲁瓦（Lacroix）、克里奇亚（Krizia）、费雷埃（Ferré）和范思哲（Versace）等成熟时尚公司合作并生产鞋子。

在此期间，公司经历了从家族企业到工业公司的重大转变。通过营销，该品牌在国内和国际层面获得了更多的曝光率，还启动了品牌组合扩展和产品线扩张。在该集团现任总裁兼首席执行官迪雅哥的指导下，托德斯逐渐成长为现今的全球时尚品牌。

1998年，该集团在马尔凯地区的凯塞特·德特小镇设立总部。

总部位于"菲利波德拉瓦勒路（Filippo Della Valle Road）"，是一幢白色大理石建筑，窗户面对着马尔奇山区（Marche Hills）（图4.1）。建筑装饰有几幅当代艺术作品，建筑整体占地25万平方米，可俯瞰6.5万平方米的绿地。

公司持续为总部的改造和发展投资，为员工提供幼儿园、健身中心、免费食堂、视频图书馆等多种免费服务。这种服务在意大利企业中并不常见。总部旁边是一家由公司持有的鞋厂，是世界上最大的豪华鞋厂之一（西布鲁克，2004），也是意大利最大的豪华鞋类生产中心。

图4.1　托德斯总部（来源：拖德斯集团官网的托德斯集团档案，2015）

集团于2000年在米兰证交所上市，最低价格为每股22欧元。德拉瓦勒家族仍然在组织结构中发挥关键作用，由迪雅哥担任主席，安德烈·德拉·瓦勒（Andrea Della Valle）担任品牌豪格的副主席兼总裁。除了这些正式的角色，该家族的其他成员也在整个价值链的战略决策过程和日常工作活动中起着促进作用。

公司概况

托德斯股份有限公司是管理集团组织结构，以及从供应商到客户整个价值链的母公司。目前集团由母公司及其46家子公司（9个直属子公司和37个间接子公司）组成[①]。子公司网络包括：经营直营店（DOS）的公司；位于美国、德国、法国、英国、西班牙、中国香港、韩国和远东地区战略地理市场、管理产品分销和品牌推广的公司；一家服务公司；以及两家位于东欧的生产公司。

2014年，集团共有员工4297人，其中高管50人，白领2981人，蓝领1266人。从2010年到2014年，员工人数增加了34.5%（2014年比2010年增加1103人）。该集团活跃于37个国家，在欧洲和大中华地区的业务尤其强大。

销售和市场份额

表4.1为集团2010～2014年的财务报表。出口份额从46%增长至67.8%，经营直营店从230家增加到325家，从业人员从3194人增加到4297人。截至2014年12月31日，通过直营店的销售总收入为6.16亿欧元，占销售总收入的63.8%，其余来自特许经营和独立商店（表4.2）。

表4.1　2010～2014年托德斯集团财务报表

	2010	2011	2012	2013	2014
销售总收入（百万欧元）	787.5	893.6	963.1	967.5	965.5
息税前利润（百万欧元）	193.1（占销售收入的24.5%）	232.4（占销售收入的26.0%）	250.2（占销售收入的25.9%）	236.3（占销售收入的24.4%）	193.5（占销售收入的20.0%）
净利润（百万欧元）	110.8	135.7	145.7	134	96.8
出口份额	46.0%	49.7%	60.1%	66.6%	67.8%
集团员工数量	3,194	3,549	3,878	4,144	4,297
单品牌商店数量	230	246	271	303	325
单品牌商店中直营店数量	159	176	193	219	232

息税前利润（EBITDA）：利息、税项、折旧及摊销前的利润。
注：作者结合托德斯2010～2014年度报告数据绘制。

表4.2 2010～2014年托德斯集团分销网络销售收入（百万欧元）

	2010	2011	2012	2013	2014
销售总收入	787.5 （100%）	893.6 （100%）	963.1 （100%）	967.5 （100%）	965.5 （100%）
直营店	403.8 （51.3%）	474.3 （53.1%）	574.1 （59.6%）	617.7 （63.8%）	616.0 （63.8%）
批发	383.7 （48.7%）	419.3 （46.9%）	389.0 （40.4%）	349.8 （36.2%）	349.5 （36.2%）

注：作者结合托德斯2010～2014年年度报告数据绘制。

在品牌组合中，托德斯的销售收入占总销售收入的58.9%，其次是豪格（22.0%）、罗杰·维威耶（13.1%）和费伊（5.9%）（表4.3）。从产品类别来看，鞋类占销售总收入的77%，皮具及配饰占16.1%，服饰占6.8%（表4.4）。

表4.3 2010～2014年托德斯集团按品牌划分的销售收入（百万欧元）[①]

	2010	2011	2012	2013	2014
销售总收入	787.5 （100%）	893.6 （100%）	963.1 （100%）	967.5 （100%）	965.5 （100%）
托德斯	407.0 （51.7%）	487.5 （54.6%）	569.7 （59.2%）	578.1 （59.7%）	568.0 （58.9%）
豪格	268.3 （34.1%）	280.9 （31.4%）	243.4 （25.3%）	217.0 （22.4%）	212.3 （22%）
费伊	89.7 （11.4%）	87.8 （9.8%）	74.5 （7.7%）	57.6 （6%）	57.3 （5.9%）
罗杰·维威耶	21.7 （2.7%）	36.5 （4.1%）	74.5 （7.7%）	113.7 （11.8%）	126.9 （13.1%）

注：作者结合托德斯2010～2014年年度报告数据绘制。

① 原来的年度报告以百万欧元为单位，因此四舍五入后，销售总收入和相应的百分比可能略低于100%。

表4.4 2010~2014年托德斯集团按产品类别划分的销售收入（百万欧元）

	2010	2011	2012	2013	2014
销售总收入	787.5（100%）	893.6（100%）	963.1（100%）	967.5（100%）	965.5（100%）
鞋类	564.6（71.7%）	646.5（72.3%）	710.4（73.7%）	739.7（76.5%）	743.5（77%）
皮革制品	123.2（15.6%）	144.9（16.2%）	165.5（17.2%）	160.9（16.6%）	155.6（16.1%）
服饰	99.1（12.6%）	101.6（11.4%）	86.2（9%）	65.8（6.8%）	65.4（6.8%）
其他	0.6（0.1%）	0.6（0.1%）	1.0（0.1%）	1.1（0.1%）	1.0（0.1%）

注：作者结合托德斯2010~2014年年度报告数据绘制。

如表4.5所示，意大利地区占销售总收入的32.2%。欧洲其他国家——尤其是德国、英国和西班牙——贡献了22.9%。大中华地区（包括中国内地及港澳台）是该集团的第一个海外市场，占2014年销售总收入的23.4%。该集团在美洲的销售额（包括美国和巴西，但主要业务在美国）总计8730万欧元，相当于销售总收入的9%。在剩余12.5%的销售总额中，日本和韩国在直营店数量上也发挥着重要作用。

表4.5 2010~2014年托德斯集团按地理区域划分的销售收入（百万欧元）

	2010	2011	2012	2013	2014
销售总收入	787.5（100%）	893.6（100%）	963.1（100%）	967.5（100%）	965.5（100%）
意大利	425.7（54%）	449.3（50.3%）	383.9（39.9%）	323.0（33.4%）	311.1（32.2%）
大中华地区	—	—	195.9（20.3%）	237.5（24.5%）	225.7（23.4%）
欧洲地区（不包括意大利）	163.7（20.8%）	182.0（20.4%）	200.3（20.8%）	207.8（21.5%）	221.3（22.9%）
北美地区	53.4（6.8%）	62.4（6.9%）	—	—	—

续表

	2010	2011	2012	2013	2014
世界其他地区	144.7 （18.4%）[①]	199.9 （22.4%）[①]	101.4 （10.5%）	108.9 （11.3%）	120.1 （12.5%）
美洲	—	—	81.6 （8.5%）	90.3 （9.3%）	87.3 （9%）

[①] 亚洲和世界其他地区。
注：作者结合托德斯2010~2014年年度报告数据绘制。

生产和分销

在生产方面，托德斯在意大利有6家自营工厂（4家在马尔凯地区，2家在托斯卡纳地区），另外在美国奥尔巴尼和匈牙利也有两家托德斯间接控制的生产公司。此外，集团还与小型外包车间建立了长期合作关系。因为许多产品和品牌的制造工艺不同。例如，大多数工厂位于意大利中部的不同地区：马尔凯和阿布鲁佐生产鞋子，托斯卡纳生产皮具。同时，豪格和费伊的某些制造阶段在东欧进行了离岸生产。

集团的分销结构主要依赖于三个渠道：直营店、特许经营店和一系列独立的多品牌店。在325家单品牌商店中，232家是直营店，93家是特许经营店。尽管在国内市场很少见，特许经营已成为进入新市场的主要渠道。

集团直接或间接控股的几家子公司通过直营店网络管理零售分销，并通过促销和公共关系监督营销。集团专注于直营店和特许经营网络的发展，这些渠道在塑造品牌识别上发挥着重要作用。2010~2014年，单一品牌店数量增长41.3%（直营店增长45.9%，特许经营店增长31.0%）。根据市场情况，集团有时也利用多品牌店铺作为进入新市场的渠道。

组　织

集团的结构包括上游的垂直战略决策过程和下游的水平运营过程。上游的战略决策是集中的，而下游的品牌则在设计、营销和零售管理方面分别进行管理。公司总部垂直管理每个产品、品牌和地理市场的战略决策流程。通过这种方式，母公司可以控制集团的大部分活动，从设计流程到生产和分销流程。例如，总部负责监督制造过程的关键阶段，包括原材料采购、生产阶段监督以及加工产品的质量控制。这种集中的方法确保了在不同的地理市场和品牌中始终坚持集团的愿景，从而实现更高水平的成本和运营效率。同时，下游策略确保了投资组合中每个品牌的多样化身份。

品牌组合策略

托德斯集团的品牌组合策略专注于品牌收购、小型皮革制品和旅游商品的产品线延伸，以及服装等全新产品类别的扩展。托德斯集团的品牌组合扩展始于20世纪80年代迪雅哥的领导。自20世纪80年代初托德斯创立以来，豪格、费伊和罗杰·维威耶也被添加到投资组合中。该集团于2001年以9300万欧元从道瑞特（Dorint）手中收购了豪格，以6190万欧元的价格收购了来自帕夫鲁克斯（Paflux）的费伊[②]；2007年，迪雅哥开始收购艾尔莎·夏帕瑞丽（Elsa Schiaparelli），这是一个由意大利设计师于1935年创立并定位于成衣制作的品牌[③]。托德斯集团在2012年艾尔莎·夏帕瑞丽重新推出之前，完成了其商标和品牌档案的全部收购。最后，集团于2015年收购罗杰·维威耶。

每个品牌都保持着与目标细分市场相关的特定身份。除了费伊主要经营服装外，所有品牌的核心产品类别都是针对男性和女性的鞋类、皮革制品。该集团的品牌组合旨在涵盖广泛的市场细分，从较实惠的品牌如豪格和费伊等，到罗杰·维威耶等高端奢侈品品牌（图4.2）。在品牌组合中，托德斯是全球市场的先锋，其次是罗杰·维威耶。豪格和费伊目前在意大利本土市场很受欢迎，在国际市场却似乎有些举步维艰。以下是投资组合中四个品牌的总结。

图4.2　托德斯集团的品牌组合（来源：托德斯集团官网，2015）

托德斯（Tod's）

托德斯作为集团的主要品牌，成立于20世纪80年代初。它一贯以鞋履系列为特色，在20世纪90年代后期增加皮革制品，近年来又推出了成衣系列。与集团的其他品牌相比，托德斯在其国际化进程中处于较为成熟的阶段，并保持着强大的全球品牌意识。托德斯定位于投资组合的中高端市场，是一个大众梦寐以求的品牌。它利用其意大利制造工艺和所谓的意大利生活方式，强调传统、高品质和现代性。通过这些营销努力，品牌的主张和价值得到提升，其中还包括主张意大利生活方式的人的推荐。此外，自21世纪初以来，托德斯一直与法拉利公司（Ferrari S.p.A）合作。后者是世界上最著名的意大利品牌之一，也是与"意大利制造"理念紧密相连的品牌。这种合作伙伴关系使得法拉利和托德斯能够合作生产限量版的产品。

在产品供应方面，鞋类产品线仍是托德斯的核心业务并占据主要的市场份额。近年来，托德斯通过引入服装、配饰等互补产品线进行品牌延伸。"豆豆鞋（Gommino Moccasin）"自1978年以来一直是托德斯的标志性产品，鞋底有133颗橡胶鹅卵石。这个名字来源于意大利语"gomma"，意思是橡胶。

豪格（Hogan）

豪格成立于1986年，定位在金字塔的底部，价格定位偏低。2014年占销售总收入的22%。不同于集团的其他品牌专注于特定的产品类别，豪格提供的产品范围很广，从鞋类、皮具到配饰和服装；同时针对广泛的消费者群体，包括女性、男性和儿童，主要集中于20～55岁年龄段。品牌主张面向年轻消费者，传播创新与时尚，倡导"新奢侈"的生活方式。

尽管集团有意大利制造的传统，但由于成本降低，豪格的部分制造工序在东欧进行。豪格正处于品牌国际化和品牌认知过程的初始阶段，主要在意大利市场运营，旗下管理着40家单品牌商店中的23家。截至2016年1月，其余门店分别位于欧洲（5家）、中国（7家）和中东（5家，其中3家位于波斯湾）。豪格的品牌扩张战略在中国取得了巨大进展，2015年该公司在中国的销售额同比增长两位数。

在产品组合方面，鞋类是豪格的核心业务，尽管品牌采取了产品差异化战略，但鞋类业务仍占其销售收入的大部分。像"Traditional"系列和"Interactive"系列，这样的休闲鞋仍然是豪格最畅销的产品（图4.3）。尤其是"Interactive"系列，占了豪格在意大利地区销量的主要份额。

图4.3　豪格的标志性产品——"Traditional"系列（左）和"Interactive"系列（右）
（来源：豪格官网）

"Interactive"系列款式与豪格品牌的紧密联系同时也带来了挑战，因为它试图向消费者展示一个固定的整体形象。托德斯的一位受访者表示，品牌在努力缓和"Interactive"系列的销售，对客户的订单施加了限制。有一段时间，公司规定该系列的订单量不能超过整个品牌订单的50%。

费伊（Fay）

费伊于20世纪80年代末加入品牌组合。这是集团在品牌组合扩张战略方面的首次尝试，该战略旨在通过互补的产品线扩大产品范围。在品牌组合中，费伊和豪格都位于金字塔底部，价格定位更亲民。它提供各种各样的休闲服，包括男装、女装和童装系列。产品设计风格经典，适合日常生活。费伊2014年的销售收入为5730万欧元，占集团销售总收入的5.9%。它在意大利市场的运营和先期业务的经营都是通过批发商完成的；目前，这20家单一品牌的门店，除一家位于西班牙马德里外，其余都位于意大利。

罗杰·维威耶（Roger Vivier）

罗杰·维威耶的名字来源于它的创造者。20世纪50年代，人们通常认为是该设计师发明了"细高跟鞋"（stiletto）。专注于设计鞋子的法国时装设计师罗杰·维威耶赢得了"鞋业法伯格（Fabergé）"的绰号，法伯格之家（Fabergé House）是一个历史悠久的高品质奢华的珠宝品牌。1998年维威耶去世，德拉·瓦勒家族于2001年购得该品牌，不仅保持了品牌形象和设计师的艺术遗产与传统，同时实施产品线扩张。近年来，管理层对某些标志性产品给予了新的重视，如方扣粗跟鞋（Pilgrim pumps）（图4.4）。该品牌最终于2015年被托德斯集团以4.15亿欧元的价格从托德斯首席执行官迪雅哥·德拉·瓦勒及其家族手中全面收购（另外还有2000万欧元用于收购罗杰·维威耶在巴黎的历史悠久的旗舰店）[④]。罗杰·维威耶的收购过程体现了集团的三个主要目标：消除许可经营的

图4.4　罗杰·维威耶的标志性产品——方扣粗跟鞋
（来源：托德斯集团档案，2015）

不确定性；以提高销售收入为目标，对品牌的长期规划进行全面控制；提升品牌价值和长期增长潜力。

目前，罗杰·维威耶的息税折旧摊销前利润率即使在支付了特许权使用费之后也高于集团的平均水平。在品牌识别和主张方面，罗杰·维威耶是该集团旗下最独特和最奢华的品牌之一，产品包括鞋子、手袋、小皮具、太阳镜和珠宝首饰。就原有的品牌形象而言，目前的品牌定位旨在重现一种永恒的巴黎优雅、精致和奢侈。

罗杰·维威耶拥有独家分销网络，遍布全球主要的奢侈品城市。根据集团的政策，该品牌维持直接分销系统：截至2015年9月30日，共有31家直营店和4家特许经营店。这些店铺将现代和复古元素以独特的方式结合在一起。与其他品牌组合相比，罗杰·维威耶在意大利市场的影响力较弱，但在亚太地区的影响力很强。

托德斯通过讲故事和零售网络进行品牌传播

托德斯在品牌组合的市场份额方面，以及代表集团主要价值观和商业战略方面都扮演着核心角色。托德斯引领集团的国际化进程，并在国内市场发挥旗舰作用，为其他品牌提供支持。

托德斯不仅仅依靠时尚杂志等传统营销渠道，还采取了另两种方式：（1）通过书籍和视频讲述品牌故事，突出托德斯的哲学；（2）零售商店网络。托德斯集团最近在国际上出版了四本书，利用形象的力量来传达其品牌身份和理念（图4.5和图4.6）。

图4.5　托德斯通过书籍《意大利肖像》（*Italian Portraits*）讲述品牌故事
（来源：托德斯集团档案，2015）

图4.6　托德斯通过书籍《意大利格调》（*Italian Touch*）讲述品牌故事
（来源：托德斯集团档案，2015）

通过讲故事的方式传播托德斯的品牌价值

《意大利肖像》（2012）和《意大利格调》（2009）展示了几位意大利人的作品，描绘了他们的日常生活，表现的是意大利人的审美观和"甜蜜生活"（la dolce vita）哲学。"日常生活"通过背景中具有历史意义的宫殿和意大利乡村的存在而不朽。这本书永恒、经典的风格标志着托德斯的品牌形象超越了时尚潮流。

另外两本是托德斯集团赞助出版的书籍，通过戴安娜王妃（Princess Diana）和杰奎琳·肯尼迪（Jacqueline Kennedy）这两位全球偶像的历史肖像，颂扬意大利风格。2013年出版的《永恒的偶像》（*Timeless icons*）展示了戴安娜王妃的日常生活，她穿着标志性的托德斯产品，如豆豆鞋和D手袋（D-bag）——也是戴安娜王妃让D手袋风靡全球的，"D"即"Diana"的首字母。《神话中的一个神话》（*Un mito nel mito*）讲述了20世纪70年代初杰奎琳·肯尼迪在卡普里岛度假期间的故事（图4.7）。最后这两本书也展示了托德斯永恒经典的风格，甚至在今天的标准下仍然是时尚的。

图4.7　托德斯通过书籍《神话中的一个神话》讲述品牌故事
（来源：托德斯集团档案，2015）

托德斯的品牌形象通过零售店进行传播

除了托德斯讲故事的方式，该集团还依靠其零售商店网络进行营销传播。这个网络是集团巨大投资的成果，在塑造品牌形象方面起着关键作用。实体店已经成为吸引顾客体验生活方式的理想沟通渠道。最近，集团在意大利推出了一种名为"DEV精品店"的新零售概念，将产品组合中的所有品牌集中在一家店铺内（不包括罗杰·维威耶）。自21世纪第一个十年中期以来，托德斯已开设了19家DEV精品店，大多位于意大利北部和中部地区，并在这些地区保持着最大的国内市场份额。

加强品牌的意大利传统和奢侈形象的一项显著举措是，为男士推出全新的高级定制工艺系列，名为"J.P. Tod's Sartorial"。它于2014年推出，仅在巴黎、东京、上海、比佛利山庄和米兰等地的奢侈品专卖店销售。另一项名为"豆豆鞋俱乐部"的活动也旨在通过标志性的定制豆豆鞋来加强品牌形象，顾客可以根据自己的喜好选择各种皮革、鞋带和颜色定制鞋子。托德斯还在其精品店现场展示意大利工匠制作的鞋子，让顾客体验托德斯标志性产品的制作过程。

托德斯关于企业社会责任的举措

企业社会责任（CSR）适用于这样的情况——即一家公司超出合规范围、超出公司的利益和法律要求，采取促进社会公益的行动［麦克威廉斯（Mcwilliams）＆西格尔（Siegel），2001］。企业社会责任是一个多维度的概念，包括企业在商业运作中应该考虑的不同的道德责任［纳斯鲁拉（Nasrullah）＆拉希姆（Rahim），2014］，如环境、社会、经济、利益相关者和自愿性维度［达尔苏德（Dahlsurd），2008］。

首先，环境维度即公司通过其业务运营为世界提供更清洁的环境的作用［世界可持续发展工商理事会（WBCSD），1999］。社会维度描述了企业和社会之间的关系——换句话说，企业如何将社会关注融入到运营中。经济维度代表商业运作的社会经济或财务方面。利益相关者维度反映了企业如何与员工、供应商、客户和社区等利益相关者进行互动。最后，自愿性维度指的是基于道德价值观而非法律规定的行为（达尔苏德，2008）。

托德斯集团积极地将企业社会责任的价值观融入自身的商业运作中，包括利益相关者、环境、社会等几个方面。

利益相关者维度——人力资本投资

公司对人力资本的投资已经持续了几十年。企业社会责任在改善雇员工作环境方面的做法可以表现为三种形式：在工作场所内提供补充性服务、福利制度和低流动率。托德斯集团的员工福利系统是意大利同类系统中最现代的系统之一，为员工提供了一份健康保险，在严重疾病的情况下可以扩展到家庭成员；为员工上学的学龄儿童支付全部的课本费用。此外，总部还提供特殊的福利和设施，如幼儿园、健身中心、免费食堂、小型图书馆和视频图书馆——这些设施在其他意大利公司并不常见。

虽然整个行业的人员流动率较高，但托德斯集团近年来的流动率相对较低。大多数员工都是本地人，他们的职业生涯都是在集团内部发展起来的。在这家公司制造部门工作的员工通常来自同一家族的两代甚至三代人。

在员工培训方面也有两项值得注意的举措。第一个是2014年启动的名为"人才工厂"（Fabbrica del Talento）的培训项目。它为20名年轻人提供了为期六个月的培训，学习重点是与制造过程相关的特定技能。之后，该团队雇用了约70%的受训学员。该计划旨在保留在制造过程中需要工艺的关键手工步骤。由于劳动力老龄化和技术的快速发展，将制造业的知识和技能向下一代传承已成为一个紧迫的问题。

第二个值得注意的举措与商店——尤其是单一品牌商店——在塑造

品牌与消费者之间的关系方面有关。2014年托德斯启动的一个项目涉及集团分销网络的门店经理。

> 商店员工代表了价值链的最后一步。一切从一个想法开始，然后是设计过程、时装收藏、交流和广告，但最后都以购物体验结束。公司可能已经仔细地规划了这些阶段，但是在周期结束时，客户如果遇到一个因心情而态度不好的销售助理，这可能在几秒钟内毁掉数千人的工作。糟糕的购物体验真的会毁掉一个品牌。[源自对企业传播总监玛丽亚·克里斯蒂娜·莫德内西（Maria Cristina Modenesi）的采访，2015]

为了解决这个问题，商店经理们花了一周时间参观托德斯市场部和公关部所在的米兰办公室，以及总部与生产基地。集团意识到让员工参与公司品牌建设的重要性。因此，对总部和生产地点的参观也经常延伸到在米兰办公室工作的员工。

另一个项目涉及该集团的主要海外市场——中国。2014年，托德斯发起了意大利与中国的员工交流项目。该项目为一些中国门店经理提供到意大利生活3个月的机会，这些经理根据资历和业绩挑选而来。在两位导师的协助下，员工接受了店铺管理和托德斯公司价值观的培训，同时也熟悉了意大利的生活方式和"意大利制造"的概念。

社会维度——为当地社区服务

企业社会责任的第二个资产涉及对当地社区及其传统遗产的服务。它包括两种不同的方法：保护德拉瓦勒家族的价值观和意大利的艺术遗产。对于前者，集团目前将其净利润的1%分配给涉及当地社区的慈善项目。对于后者，集团在意大利艺术遗产的保护上投入大量精力，以提升品牌形象和价值。

托德斯集团已经参与了两个与意大利历史遗址相关的大型项目：米

兰斯卡拉歌剧院（Teatro alla Scala）和罗马斗兽场（the Colosseum in Rome）。这些举措充分利用了意大利制造的概念、意大利式的生活方式和各种意大利的传统工艺，从而实现了集团的品牌价值和意大利的特色价值。他们从集团保护、推广意大利文化的愿望开始，因为这样做将使品牌与意大利价值联系起来，使其在市场上更具竞争力（托德斯集团官网，2015）。

2011年，托德斯与意大利文化部和罗马特别考古局（the Rome Special Archaeological Service）达成协议，共计投资2500万欧元用于斗兽场的修复工程。斗兽场的修复工作分三个阶段，第一个阶段始于2014年，重点是南北立面以及周边大门的安装。

2011年，该团队成为斯卡拉歌剧院基金会（Teatro alla Scala Foundation）的创始成员，主要支持米兰的艺术收藏，包括当代艺术馆（Padiglione D'arte Contemporanea）（简称PAC）。PAC于1954年在米兰成立，经常举办全球艺术展览，每次展览吸引约2万名参观者。托德斯集团会利用艺术馆推出自己的产品系列，使自己的产品线能够与艺术价值联系起来。例如，托德斯在2010年米兰时装周期间推出的名为"意大利梦"（An Italian Dream）的视频活动，这段视频通过歌剧和芭蕾舞来庆祝意大利传统的保存，同时也解释了托德斯在豆豆鞋等产品制造过程中坚持保留手工艺阶段的努力。

环境维度——提高能源效率

最后，该集团最近通过其总部和单一品牌商店展示了其对环境的承诺。该集团分析了总部的能源消耗情况，以启动一项旨在逐步减少其生态足迹的计划。在监测了能源消耗后，托德斯集团决定从2014年起实施一项节能计划，采用替代的地热和太阳能来满足部分能源需求，并提高了空调的效率。

根据最近欧洲关于能源效率的政策⑤，该项目还包括在集团总部附近建造一座新的10500平方米的建筑，来满足"被动式节能屋"（passive houses）

的要求⑥。该建筑具有保温、雨水回收、新型LED照明系统等特点，因此能耗非常低。它还依赖太阳能和地热发电厂来供热和制冷。同样的方法也应用于马尔凯的两家制造厂。同时，其零售商店也采用了这种提高能源效率的措施，使用LED技术照亮室内空间和销售展示，利用回收地家具来节约木材。

总结和讨论

自20世纪60年代实现工业化以来，托德斯集团已发展成为一家全球时尚企业，同时保留了家族企业的根源。它之所以能在全球取得成功，主要是因为其历史悠久的核心品牌托德斯，以及一以贯之的品牌战略。

集团四大品牌的品牌组合策略，力求提高运营效率、集中战略决策流程，并在整个价值链中共享重要的活动。上下游流程描述了组织的结构特征。上游流程是指在母公司内部集中的战略决策过程，其目的是保证业务战略的一致性，实现成本和时间的效率，在品牌之间形成协同效应。下游流程最近已经启动，用来确保每个品牌运营活动之间的差异化。每个品牌的运营部门负责监督其设计过程、营销和公关活动，以在产品组合中区分品牌形象和身份。

通过品牌组合战略，集团力求在可行的情况下获得运营协同效应。成本和运营效率的过程包括在价值链上共享关键阶段和服务活动。此外，品牌组合中几乎每个品牌都在其产品线扩展中采用集中式的方法。例如，当与某一特定产品线紧密相连的品牌（如以鞋为主的托德斯和豪格），试图引入服装系列以成为一个生活方式品牌时，就会采用这种集中的流程，同时利用主要产品为服装（如费伊）的品牌所拥有的专有技术。

托德斯是集团的旗舰品牌，通过在海外推广集团及其价值观，起到了具有代表性的作用。托德斯体现了集团官网（2015）所确定的价值观：工艺、意大利制造、手工制作、传承。然而，在客户的心目中，这些价值与品牌组合的其他部分并没有那么紧密的联系。这是集团有意而为之的决定，因为他们在不同的市场经营不同的品牌［巴维斯（Barwise）&罗伯逊（Robertson），1992］。这种策略指向一种混合的品牌解决方案，其中核心品牌采用企业主导策略，其他品牌（费伊、豪格和罗杰·维威耶）采用品牌主导策略（艾克&约阿希姆斯塔勒，2000；凯勒、布萨卡&奥斯蒂略，2005）。它允许公司在其产品组合中获得不同的品牌定位［雷泽布、基斯特（Kist）&库茨特拉（Kootstra），2003］，这就解释了为什么托德斯集团在国际市场上为每个品牌传达不同的营销策略。例如，托德斯通过"意大利制造"或手工制作特色来强调意大利式的生活方式，罗杰·维威耶则着重塑造法国风格与价值观的联系。

最后，在对传统的维护中发现了集团及其哲学的主要价值主张之一。德拉瓦勒家族仍然在商业运作中发挥着重要作用，并为当地社区提供了不可分割的承诺和支持。这种承诺与其家族企业和当地传统密切相关。

注　释

① 截至 2014 年 12 月 31 日，1 家直属子公司和 4 家间接子公司停止营业（集团 2014 年年度报告，第 12 页）。

② 托德斯 2001 年年度报告。

③ 该品牌已被迪雅哥·德拉·瓦勒个人控股公司（DIEGO DELLA VALLE & C. SAPA）收购（*MFFashion*，2012 年 5 月 8 日）。

④ 资料源自《托德斯集团收购品牌罗杰·维威耶》，2015 年 11 月，第 5 页。

⑤ 更具体地说，欧盟提出的"零能耗建筑"（Nearly Zero Energy Buildings）计划要求所有新建筑在 2020 年年底（公共建筑在 2018 年年底）之前达到近零能耗的标准。

⑥ "被动式节能屋"（德语为 Passivhaus）是指一种严格、可量化的建筑节能标准，可以减少建筑的生态足迹。它可以使建筑只需要很少的能量就能够进行空间加热或制冷（被动式房屋，未标明发表日期）。

参考文献

［1］ Aaker, D. A., & Joachimsthaler, E. (2000). *Brand leadership*. New York: The Free Press.

［2］ Barwise, P., & Robertson, T. (1992). Brand portfolios. *European Management Journal, 10*(3), 277–285. doi:10.1016/0263-2373(92)90021-u

［3］ Dahlsurd, A. (2008). How corporate social responsibility is defined: an analysis of 37 definitions. *Corporate Social Responsibility and Environmental Management, 15*(1), 1–13. doi:10.1002/csr.132

［4］ Hogan website. (2016). Online store. Retrieved from http://www.hogan.com/ en_us/

［5］ Keller, K. L., Busacca, B., & Ostillio, M. C. (2005). *La gestione del brand: strategie e sviluppo*. Milano, Italy: Egea.

［6］ McWilliams, A., & Siegel, D. (2001). Corporate social responsibility: a theory of the firm perspective. *The Academy of Management Review, 26*(1), 117–127. doi:10.2307/259398

［7］ Nasrullah, N. M., & Rahim, M. M. (2014). CSR *in private enterprises in developing countries: evidences from the ready-made garments industry in Bangladesh*. Cham, Switzerland: Springer International Publishing Switzerland.

［8］ Passive house. (n.d.). In *Wikipedia*. Retrieved from https://en.wikipedia.org/wiki/ Passive_house

［9］ Riezebos, H. J., Kist, B., & Kootstra, G. (2003). *Brand management: a theoretical and practical approach*. Harlow: Financial Times Prentice Hall.

［10］ Seabrook, J. (2004, May). Shoe dreams. *The New Yorker*. Retrieved from http:// www.newyorker.com/magazine/2004/05/10/shoe-dreams

［11］ Tod's Group. (2010). Annual report. Retrieved from https://www.todsgroup. com/en/financial-data/statements/

［12］ Tod's Group. (2011). Annual report. Retrieved from https://www.todsgroup.com/ en/financial-data/statements/

［13］ Tod's Group. (2012). Annual report. Retrieved from https://www.todsgroup. com/en/financial-data/statements/

［14］ Tod's Group. (2013). Annual report. Retrieved from https://www.todsgroup.

com/en/financial-data/statements/

［15］ Tod's Group. (2014). Annual report. Retrieved from https://www.todsgroup.
com/en/financial-data/statements/

［16］ Tod's Group. (2015). Tod's Group: a global luxury player. [PowerPoint slides].
Retrieved from https://www.todsgroup.com/system/document_ens/478/ original/
Presentazione_RV_transaction.pdf

［17］ Tod's Group archive. (2015). Tod's presents. Retrieved from http://www.tods.
com/en_us/tods-touch/presents/

［18］ Tod's Group website. (2015). Company website. Retrieved from https://www.
todsgroup.com

［19］ World Business Council for Sustainable Development. (1999). Corporate social
responsibility: Meeting changing expectations. Retrieved from http://www.
wbcsd.org/pages/edocument/edocumentdetails.aspx?id=82

作者简介

玛丽亚·卡梅拉·奥斯蒂里奥是米兰SPA博科尼管理学院里品牌学院的院长和核心教员，教授品牌管理硕士课程。在获得MBA学位之前，她曾在一些服务行业和分销行业的公司工作。之后，她一直与战略管理和市场营销领域的知名咨询公司合作。她发表过关于市场营销、企业传播和品牌管理、直接与互动营销、一对一营销、客户数据库和营销信息系统的论文。

莎拉·加达尔是米兰SDA博科尼管理学院的研究员。她拥有跨国公司和中小企业市场部工作的专业经验，专注于数字营销、搜索引擎优化及营销和消费者行为分析。她的研究方向是消费行为、顾客中心性、价值共创和数字营销。

第五章

普拉达的潮流：设计、艺术、科技与零售经验结合的品牌构建

斯特凡尼亚·马塞 & 克塞尼亚·锡尔琴科

Stefania Masè & Ksemia Silchenko

摘要： 普拉达是意大利最成功的时尚企业之一，拥有独特的设计审美和挑衅的反主流精神。它也是全球奢侈品行业中少数几家选择保持独立于与跨国企业集团合并之外的公司之一，建立并遵循了其基于区分和管理一致性的战略。普拉达的案例是一个典范，它展示了一个奢侈品牌的全球认知度是如何源于对差异化的不懈追求和精明的商业决策的结合，从而确保了效率、功能性和决策的长久性。直接控制零售，精心设计和统一的品牌组合，追求美学和文化相关性，超越纯粹的商业世界的

斯特凡尼亚·马塞（联系地址）
法国新阿基坦大区，比利牛斯大西洋省，波城，波城和阿杜尔城大学，波城-巴约讷管理学院

克塞尼亚·锡尔琴科
意大利，马切拉塔大学，经济与法律系

© 作者（年代）2017
金炳昊、埃琳娜·塞德罗拉（编），时尚品牌与传播，Palgrave 案例研究：全球时尚品牌管理，
DOI 10.1057/978-1-137-52343-3_5

艺术、技术、体系结构，通过零售体验与消费者对话——所有这些元素帮助普拉达成为当今最具野心和引领潮流的全球奢侈品牌之一。

关键词：品牌建设；策略；体验营销；品牌创新；旗舰店；普拉达

引　言

普拉达是普拉达集团的旗舰品牌，是全球奢侈品行业中，少数几家没有屈服于与路威酩轩、历峰或开云等奢侈品集团联合的公司之一，同时也将其独立性作为其战略基石的一部分［贝尔泰利（Bertelli），2012］。普拉达集团目前拥有五个不同的品牌，分别经营时尚奢侈品（普拉达、缪缪、Church's、Car Shoe）和优质食品——迈凯糕点（Marchesi 1824）市场（迈凯糕点，2016）。该集团的独立性确保了所有品牌与终端客户之间通过零售渠道的杠杆，可以进行持续且直接的对话。

本案例说明了普拉达作为全球知名的奢侈品牌，是如何通过不断追求卓越和"反时尚"创意策略，与精明的商业决策相结合的。即使是在顶级的创意产业，如奢侈品时尚，品牌建设总是需要一个适当的商业模式来支持，以确保效率、功能，抵挡时间的侵蚀（科普菲尔，2008）。

本案例以普拉达集团目前的结构和地位、线上零售和销售数字的简要概述开始，将其历史概括为四个不同的阶段，分别对应该集团的重点变化和战略转变。在对品牌组合进行详细的描述后，将着重于分析普拉达品牌，特别关注其中设计和创新对品牌建设战略的作用。本文将描述一些品牌创造性地用于与终端消费者保持对话的工具，以支持品牌资产，包括品牌与艺术世界的接触、大量使用技术工具以及直接经营商店的管理网络，即知名的普拉达绿色商店（Prada Green Stores）。此外，本文还将讨论普拉达的中心店（Prada Epicenter），一种混合旗舰店、博物馆、创意中心组成的零售空间，以寻求差异化、创新和品牌精髓的表达。

公司概述

普拉达集团自 2011 年在香港证券交易所上市，营业额约 35 亿欧元，被认为是意大利最成功的奢侈品时尚企业之一。该集团由两名首席执行官领导：缪西娅·普拉达（Miuccia Prada）和帕特里齐奥·贝尔泰利（Patrizio Bertelli）。缪西娅是普拉达创始人马里奥·普拉达（Mario Prada）的孙女，她代表着普拉达独特品牌个性背后的创意和挑战精神。而贝尔泰利则拥有战略头脑，指导着公司的国际扩张。他曾是托斯卡纳一家皮具公司的老板，也是缪西娅在商业和个人生活中的终身伴侣。缪西娅和贝尔泰利被认为是世界上最有影响力的夫妇之一［贝茨（Betts），2005］。

如今，该集团由 5 个品牌组成（普拉达、缪缪、Church's、Car Shoe 和迈凯糕点 1824），包括皮革制品、成衣和定制服装、配饰和香水、餐厅和美食部门。在每个类别中，普拉达集团的品牌都以排他性、复杂性、创造性和现代性著称，这导致了"无时尚的时尚"诞生——就像缪西娅和贝尔泰利自己所定义的那样（普拉达，2015）。

普拉达在其国际扩张战略中取得成功的关键因素之一，是能够对供应和分销网络的范围和质量实施严格控制，被称为"国际扩张战略的支柱"。集团的分销网络如今覆盖 70 个国家、605 家直营店（普拉达，2015）。在过去的五年里，直营店的数量几乎翻番，并且大大扩展了地理分布（见表 5.1），这再次证明时尚零售商是最国际化的公司类型（摩尔、多赫蒂 & 杜瓦勒，2010）。所有的选址都经过精心挑选，以展现品牌形象；在商品展示和室内设计方面，更是与世界上最受欢迎的设计师及建筑师合作［瑞恩（Ryan），2007］。截至 2015 年，普拉达集团净收入的 86% 来自直营店（普拉达，2015），其主要份额是普拉达的 372 家专卖店，紧随其后的是缪缪（174 家店）、Church's（54 家店）和 Car Shoe（5 家店），此外还有 27 家普拉达和 10 家缪缪的特许经营商店（普拉达，2015）。

表5.1　普拉达集团直接运营的全球分销情况（分布的店数）

地区	2010	2011	2012	2013	2014	2015
意大利	37	44	48	51	51	52
欧洲	88	115	137	150	167	168
中东	0	2	11	16	17	20
亚洲（不包括日本）	99	115	130	157	175	184
日本	56	65	66	72	70	73
非洲	0	0	3	3	4	1
北美洲及中美洲	39	47	61	81	99	103
南美洲	0	0	5	10	11	11
直营店总数	319	388	461	540	594	612

来源：普拉达集团2011～2015年年度报告。

　　为了确保最终产品的质量，集团的采购和供应网络以及国内生产设施往往是公司所有或基于长期合作（往往是独家）的。普拉达将创新技术与生产产品的工艺传统相结合，依靠最独特的普拉达材料。在13家公司拥有的生产设施中，有11家位于意大利［阿雷佐（Arezzo）、奇维塔诺瓦·马尔凯（Civitanova Marche）、多洛（Dolo）、富切基奥（Fucecchio）、因奇萨（Incisa）、勒维讷（Levane）、蒙特格拉纳罗（Montegranaro）、蒙托内（Montone）、皮亚恩卡斯塔尼亚伊奥（Piancastagnaio）、斯堪第奇（Scandicci）、托尔贾诺（Torgiano）］，1家位于英国（北安普顿），1家位于法国［梅吉塞里·赫尔维制革厂（Tannerie Mégisserie Hervy）］。生产基地由位于意大利托斯卡纳阿雷佐的布拉西奥里尼工业总部协调（普拉达，2015）。与此同时，普拉达的大部分成品由中国、土耳其、越南和罗马尼亚等全球各地的工厂生产，以降低成本［帕萨列洛（Passariello），2011；托卡特利（Tokatli），2014］。普拉达的质量不再只与意大利制造相关，更与取代原产国协会的品牌质量相关［塞德罗拉 & 巴塔利亚（Battaglia），2013；塞德罗拉、巴塔利亚 & 夸兰塔（Quaranta），2015；霍尔特（Holt）、奎尔奇（Quelch）& 泰勒，2004］。

2014年，集团营业额达到3551.7万欧元，其中85%的销售总收入来自直接控制的零售渠道。尽管由于宏观经济环境困难、全球竞争加剧、总体经济放缓以及一些特定的市场挑战（尤其是中国"反奢侈运动"的影响），该集团的销售和收入增长有所放缓，但仍保持着领先地位。总的来说，从2010年到2014年，公司的规模几乎翻了一番（表5.2）。更具体地说，与2010年相比，2014年的总销售额增长了75%，其中，占公司2010年销售额三分之一的自有零售渠道得到了显著整合。欧洲和北美市场对普拉达仍然很重要，但它们在销售数据方面只表现出温和增长；而远东地区（特别是中国①）自2010年以来几乎翻了一番，2014年占11亿欧元（其中大中华地区7.69亿欧元）。除普拉达以外的其他品牌的增长业绩不佳，这说明它们在品牌组合中的角色并不完全局限于追逐利润的目的。

表5.2 2010~2014年普拉达集团销售额和财政收入（百万欧元）

	2010		2011		2012		2013		2014	
总销售额	2,017.1		2,523.3		3,256.4		3,548.2		3,513.4	
批发	589.7	29%	558.8	22%	592.2	8%	551.6	16%	532.5	15%
零售	1,427.4	71%	1,964.5	78%	2,664.2	82%	2,996.6	84%	2,980.9	85%
销售地域*：										
欧洲地区	843.8	42%	985.7	39%	528.3	6%	1,012	34%	999.6	34%
美洲地区	326.8	16%	392.7	16%	739.6	23%	363.3	12%	391.2	13%
远东地区（除中国、日本）	613.8	30%	873	16%	1,160.2	36%	1,195.7	40%	1,130.2	38%
大中华地区	375.4	19%	544.8	35%	735.6	23%	823.2	27%	769.7	26%
日本	220.9	11%	256.7	22%	293.2	9%	338.7	11%	364.8	12%
中东地区	NA	NA	NA	NA	NA	NA	84.5	3%	92.9	3%
其他	11.8	1%	15.2	1%	51	2%	2.5	0%	2.2	0.1%
品牌销售*：										
普拉达	1,586.8	79%	1,999.3	79%	2,649.5	81%	2,505.5	84%	2,463.2	83%
缪缪	353	18%	441.1	17%	512.8	16%	437.5	15%	455.0	15%
Church's	53	3%	59.2	2%	68.4	2%	42.7	1%	49.0	2%
Car Shoe	17.9	1%	17	1%	19.7	1%	7.5	0%	8.4	0%

续表

	2010		2011		2012		2013		2014	
其他	6.2	0%	6.7	0%	6	0%	3.4	0%	5.3	0%
销售产品*:										
皮革制品	1013.9	50%	426.5	57%	1678.4	63%	2090.5	70%	1965.6	66%
鞋类	503.1	25%	560.1	22%	506.2	19%	376.7	13%	448.7	15%
成衣	483.6	24%	512.6	20%	452.9	17%	490.6	16%	512.3	17%
其他	16.5	1%	24.1	1%	26.6	1%	38.8	1%	54.3	2%
特许经营费	29.6		32.3		40.8		39.1		38.3	
净收入	2046.7		2555.6		3297.2		3587.3		3551.7	
总利润	1387.9		1828		2376.5		2648.6		2550.6	
净利润	250.8		431.9		625.7		627.8		451.0	
息税前利润	535.9		759.3		1052.5		1143.2		954.3	

注：* 2014年和2013年的销售数据（按地理位置、品牌和产品百分比划分）是以2010～2012年零售总额为基础，即基于所有销售总额。

来源：普拉达集团2011～2015年年度报告。可从 https://www.pradagroup.com/en/investors/investor-relations/results-presentations.html 检索，2016年2月11日。

公司历史

普拉达集团的历史可以分为四个阶段：在意大利米兰的专卖店（1913～1977年）；品牌创意与国际扩张战略的结合（1977～1990年）；通过反商业项目提升品牌（2000～2010年）；巩固在商业、时尚和艺术赞助方面的领导地位（2010年至今）。普拉达发展的四个阶段和里程碑如图5.1所示。

单一焦点：意大利米兰的箱包配饰精品专卖店（1913～1977年）

普拉达1913年由马里奥·普拉达和马丁诺·普拉达创立，原名“普拉达兄弟”（Fratelli Prada），最初的设想是为高端客户提供专属的箱包和皮具。马里奥是公司的第一个设计师和经理。早期，普拉达专注于满足贵族消费者对高品质旅行配饰的需求（摩尔 & 杜瓦勒，2010）。这可

1913年，马里奥·普拉达在意大利米兰开设高档皮包商店

1919年被授予"意大利王室官方供应商"称号
1950年新建尼龙厂

1977年，缪西娅·普拉达和帕特里齐奥·贝尔泰利开始合作

品牌&集合：
1979年首次推出女鞋系列
1980年设计"三角"普拉达标志
1984年发布标志性的普拉达背包
1988年第一个女装系列
1993年第一个男装系列
1993年缪缪品牌发布
1998年运动系列普拉达精神（Prada Spirit）限时店
1999年收购品牌Church's

商店和总部：
1983年首家"绿色商店"（米兰）
1986年纽约和马德里商店
1999年普拉达米兰新总部

艺术与文化：
1993年设立"米兰普拉达艺术"（Milano Prada Arte）[迈向普拉达基金会（Fondazione Prada）的第一步]
1997年赞助帆船罗萨（Luna Rossa）帆船队参赛
2000年"普拉达美洲杯帆船挑战者选拔系列赛"

2001年，首家普拉达中心店在美国纽约开业

品牌&集合：
2000年发布普拉达眼镜系列[陆逊梯卡集团（Luxottica）授权]
2001年收购Car Shoe
2003年维出缪缪眼镜系列[陆逊梯卡集团授权]
2003年维出普拉达香水[与宝格丽集团（PUIG Beauty & Fashion Group）合作]
2006年普拉达推出首款男性香水
2006年缪缪首次亮相巴黎时装周
2007年普拉达联手LG推出合作款手机
2009年推出独家定制服务

商店和总部：
2001年普拉达纽约老店中心店开业[设计来自雷姆·库哈斯（Rem Koolhaas）]
2001年米兰第一家Car Shoe专店开业[设计来自罗伯托·巴西奇基（Roberto Baciocchi）的伦敦总部筹建]
2002年普拉达美国旧约伦敦总部筹建
2003年东京青山普拉达中心店开业[设计来自赫尔佐格和德梅隆（Herzog & de Meuron）]
2004年洛杉矶贝弗利山普拉达中心店开业[设计来自雷姆·库哈斯]

艺术与文化：
2004年裙装展 Waist Down
2005年柏林电影节短片《雷霆女神，完美心智》（Thunder Perfect Mind）
2008年"沉重的阴影"《Fallen Shadows》视觉项目和"颤栗之花"（Trembled Blossoms）艺术短片
2009年普拉达图书出版
2009年韩国首尔普拉达翻转建筑项目（Prada Transformer）

2010年，普拉达制造于……（Prada Made In…）品牌活动

品牌&集合：
2010年"Prada Made in…"系列发布
2014年收购米兰百年甜品店近凯蕾点1824

商店和总部：
2013年伦敦Church's女鞋商店开业
2013年米兰马努埃莱二世拱廊商普拉达新店（Prada Galleria）开业
2014年Pradasphere展亮相中国香港
2014年普拉达基金网络平台上线
2015年普拉达基金会米兰新场所开幕

艺术与文化：
2010年赞助博洛尼亚（Bologna）、帕多瓦（Podua）和巴里（Bari）的文物修复遗产"保护"
2010年跨界为威尔第（Verdi）的歌剧剧名《阿提拉》（Attila）设计戏服
2011年举办"Miu Miu Musings"文艺沙龙
2011年电影《化妆间》（The Powder Room）
2012年短片《心理治疗》（A Therapy）
2012年"不可能的对话"（Impossible conversations）展览
2012年联合艺术家弗朗西斯科·维佐里（Francesco Vezzoli）策划和设计巴黎"24小时博物馆"（Giangiacomo Feltrinelli Editore）合作主办文学创作比赛活动
2013年与凯瑟琳·马丁（Catherine Martin）合作为影片《了不起的盖茨比》（The Great Gatsby）设计服装
2014年赞助佛罗伦萨修复

图5.1 普拉达集团自创立以来的历史进程

能是因为马里奥·普拉达自己的经历和对旅行的激情（爱与时尚：普拉达秋冬系列，1996），以及20世纪交通工具的变化趋势［格罗夫纳（Grosvenor），2015］。普拉达位于米兰市中心著名的埃马努埃莱二世拱廊（Galleria Vittorio Emannele Ⅱ）的战略位置，有助于树立意大利和欧洲贵族的品牌意识和消费者忠诚度，这也使普拉达在1919年获得了"意大利王室官方供应商"的授权。从那时起，普拉达被正式授予在公司标志周围使用萨沃伊王室（the royal Savoy）的徽章和8字绳结的权利——这是一个具有历史意义的"荣誉徽章"，成为品牌的传统。

1952年马里奥去世后，店铺便传给普拉达家族的下一代，这种传承方式是许多意大利企业的典型［科比特（Corbetta），1995］。然而，不同寻常的是，因为他的儿子对经营这家店没有兴趣，马里奥的女儿路易莎·普拉达接替了他。当时的普拉达不像古驰，没有耀眼的品牌标识，在意大利以外的地方并不知名（摩尔 & 杜瓦勒，2010）。

路易莎的女儿缪西娅·普拉达［原名玛丽亚·比安奇（Maria Bianchi）］对接管家族企业没有明显的兴趣。相反，她把自己的青年时代奉献给了左翼政治运动，接受了五年的哑剧艺术家培训，成为了一名激进的女权主义者，并获得了政治学博士学位［费尔施特德（Felsted），2015］。直到20世纪70年代末，她才做出加入家族企业的选择，她的远见和创造力最终造就了今天的普拉达。

扩张品牌区域：品牌创意与国际扩张战略的结合 （1977年~20世纪90年代）

当缪西娅·普拉达加入家族企业时，品牌的处境充满挑战：分销渠道有限且高度本土化，设计没有辨识度，财务状况也不容乐观。1977年，缪西娅遇到了意大利托斯卡纳一家皮革企业的老板帕特里齐奥·贝尔泰利，他们签下了合作协议，普拉达很快成为世界上最有影响力的品牌之一。十年后，他们从商业伙伴关系走进了婚姻的殿堂。

在他们合作的第一个十年，公司经历了两个战略阶段：第一，寻求差异化；第二，建立一个增长平台（摩尔 & 杜瓦勒，2010）。事实上，这两个阶段在很大程度上是重叠并且同时执行的。缪西亚的非商业背景（普拉达，2015）是公司差异化战略的一部分。与当时市场上的其他奢侈品牌不同，普拉达在产品设计、标识和传播上选择简单实用的风格。1984年，一款线条清晰的黑色尼龙背包首次亮相，很快就成为时尚偶像，赢得了一批颇具影响力的客户。因此，普拉达的进一步发展也遵循了同样的风格原则——简约和精致。

在缪西亚·普拉达的创意指导和帕特里齐奥·贝尔泰利皮具厂的生产下，普拉达于1979年推出了第一个女鞋系列，1988年推出第一个女装成衣系列，1993年推出了第一个男装、鞋类和配饰系列。此外，缪西亚在1993年构思并推出了缪缪，作为她艺术视野上更年轻、更前卫的延伸。在更商业化的层面上，公司专注于在帕特里齐奥的领导下实现未来增长的因素：（1）与欧洲和美国最具战略意义的多品牌零售空间和百货公司签订批发协议[②]，如萨克斯第五大道百货、梅西百货、尼曼·马库斯百货和巴尼百货；（2）意大利及海外自有零售网络的增长。

1983年，普拉达品牌引入"绿色商店"（Green Store），一种以干净时尚的设计和独特的淡绿色配色方案为特色的精品店概念，旨在与米兰老式的原普拉达商店形成对比（普拉达集团，2016）。第一家"绿色商店"是在米兰的史皮卡大道（Via della Spiga）开设的，但很快就能在纽约、马德里、巴黎和伦敦等地找到这些或大或小的"绿色商店"。对于普拉达来说，商店成为了一个强大的传达品牌价值、品牌个性的营销传播渠道与空间［欧文（Irving），2003］。此外，相对于其他间接形式，直营店可以更快、更协调地推出新系列，监控客户反馈，并与客户建立直接关系（普拉达，2015）。

人们普遍认为，普拉达之所以能在时尚界获得地位，是因为它将创造力与国际商业把握结合在一起（双关语的本意很明显，暗示着缪西亚与帕特里齐奥的完美结合）。到20世纪90年代末，普拉达集团已经成为一个品牌线多元化、零售地域广、品牌认知度高、引领潮流的国际企业。

中心店：通过反商业项目提升品牌（21世纪初~21世纪10年代）

从20世纪90年代末到21世纪初，普拉达集团已经尝试过若干次失败的高调收购，包括古驰、芬迪（后来卖给了路易威登集团）、海尔姆特·朗〔Helmut Lang，后来卖给了日本林克理论控股公司（Japanese Link Theory Holdings）〕、吉尔·桑达（Jil Sander，后来卖给了英国私人股权基金Change Capital Partners），以寻求建立其领先地位的业务（摩尔 & 杜瓦勒，2010）。其中比较成功的两笔收购是1999年的Church's（英国男士鞋类）和2001年的Car Shoes（意大利高档鞋类）——直到今天，这两笔收购都是普拉达集团的重要资产。然而，该集团很快找到了另一条非商业途径，通过再次反思其旗舰品牌，来与全球其他奢侈品品牌形成对比，从而提高知名度和稳固领导地位。在回顾了全球零售业的发展趋势后，普拉达集团得出结论，他们的"普拉达绿色商店"概念并不能帮助普拉达实现有意义的品牌差异化。因此，该公司意识到需要以一个独特的超大购物空间来补充其典型的门店模式：普拉达中心店（Prada Epicenter）。它们将帮助普拉达重新成为奢侈品行业的创意领袖。正如缪西娅在2003年接受英国《金融时报》（*The Financial Times*）采访时所说：

> 成为一个更著名的品牌意味着你的客户将发生改变。保持顾客不流失至关重要，这就是为什么我们的商店正在经历一场革命。我们必须回到过去，记住成熟和不断成长的意义……我喜欢在漂亮的地方卖我的产品。无论从哪个角度看，我都想把工作做好。这是一个非常简单的概念。（欧文，2003年6月21日）

普拉达在美国纽约百老汇开设了首家中心店，这是著名建筑师雷姆·库哈斯在2001年设计的一项建筑实验。在第一家中心店建成后不久，东京中心店［由建筑师雅克·赫尔佐格（Jacqnes Herzog）和皮埃尔·德梅隆（Pierre de Meuron）设计］于2003年开放，洛杉矶中心店（由雷姆·库哈斯设计）于2004年开放——这些都是城市景观的非凡增建或改造。

中心店的概念与众不同，它将技术、建筑和设计融合到一个体验空间，集购物、互动体验和文化活动服务于一身，超越了纯粹的商业概念［维斯康蒂（Visconti）& 迪朱利（Di Giuli），2014］。

普拉达旗舰店的设计方法很快被其他领先时尚品牌所效仿。普拉达再次站在了奢侈品主流的对立面，将商业零售与创意建筑、物理空间与"沉浸式体验"［施密特、罗杰斯 & 弗罗索斯（Vrotsos），2003］、奢侈品世界与艺术世界相结合。

尽管品牌的声誉获得了不可估量的成功，但要打造中心店还是要付出高昂的成本。普拉达的商业精明再次补充了其艺术创造力，通过遵循一些更主流的营销策略，如产品民主化（摩尔 & 杜瓦勒，2010），尽管这对缪西娅来说是一个挑战，她始终把品牌的质量和独特性放在首位，并不惜一切代价避免大规模营销：

> 我总是检查我的商店，看我是否喜欢我看到的东西。当销售太容易、顺利的时候，我总担心是否出了什么事。这非常危险。当我们的皮带卖得太多时，我们会把它撤下来，就像我们做的香奈儿样式的包，这有点像个笑话，但后来它就变成了普拉达包。大街上的复制品太多了。所以我们停止了。（欧文，2003年6月21日）

在2000年和2003年，普拉达公司与意大利眼镜巨头陆逊梯卡（Luxottica）签署了眼镜授权协议，为普拉达和缪缪生产眼镜。2003年，普拉达与西班牙普格美容时尚集团合作推出第一款普拉达香水（Prada Exclusive Scents），2006年又推出了第一款男性香水——琥珀男士香水（Prada Amber Man），2008年推出了同名的琥珀女士香水（Prada Amber

Woman）；此外，2007年推出了爱丽丝鸢尾花女士香水（Infusion d'Iris）、2008年推出了鸢尾花男士香水（Infusion d'Homme）、2011年推出了卡迪小姐（糖果）香水（Prada Candy）、2012年推出了红月号男仕香水（Prada Luna Rossa）、2015年推出了Les Infusions精粹系列香水和Olfactories嗅觉香水系列。2007年，韩国LG集团和普拉达共同开发了一款独家触摸屏的智能手机。2008年和2011年进阶版本进入市场，与其他智能手机相比，定价相当具有竞争力。

普拉达要将主流营销法则与其"反品牌、反时尚、反商业的立场"（托卡特利，2014）相协调，这是一个挑战，但提供更民主的产品，并将其与开创性的核心零售空间创新相结合，可以帮助公司改善财务状况，也不会削弱该品牌的奢侈声誉。

没有固定位置的品牌：巩固在商业、时尚和艺术赞助领域的领导地位（21世纪10年代至今）

自2010年开始，普拉达集团的战略就一直围绕着巩固全球奢侈品行业的领导者的地位。它继续使用艺术、建筑、电影和文化项目来表达品牌的核心价值观，即创意、反主流的风格，以及与特殊性、时效性和规律性的联结（维斯康蒂 & 迪朱利，2014）。2010年，普拉达推出了"普拉达制造于……"（Prada Made in...）限量系列，精选来自世界各地的优秀制造工艺：印度的传统刺绣服装，日本的高级牛仔裤，秘鲁的羊驼毛衣，苏格兰的格子短裙。每个产品标签上都标明了产地，如"普拉达米兰，苏格兰制造"（Prada Milano, Made in Scotland.）。该系列的品牌传播强调了全球物质和智力的相互联系，包括普拉达的真实性和创造力都超越了生产地点本身（托卡特利，2014；维斯康蒂&迪朱利，2014）。据报道，缪西娅在介绍这个系列时说，"意大利制造？谁在乎！"［邦珀斯（Bumpus），2010］。

在"普拉达制造于……"系列之后，该公司发表了另一份全球声明。2011年6月24日，普拉达集团将其20%的股票在香港证券交易所上市，首次公开上市时，公司价值约为92亿欧元（普拉达集团，2016）。2014年，普拉达收购了米兰历史悠久的迈凯糕点1824的大部分股份，并重新开业，为室内设计增添了标志性的浅绿色。尽管普拉达定位全球化，但它仍保留了与"米兰魔圈"③的联系［邓福德（Dunford），2006］。普拉达收购和重新开放有历史意义的糕点店使该品牌能够保护其自身的文化——"品牌神话"（霍尔特，2004），也就是与米兰独特的商业和时尚文化的联系。

与此同时，普拉达集团也加强了普拉达基金会（前身为1993年成立的当代艺术展览基金会）的作用，2010年其成为集团企业社会责任和文化活动的综合智库以及运营中心。普拉达基金会一直积极参与一系列的活动，包括建筑、哲学、科学、设计、电视真人秀和电影（普拉达基金会，2016）。普拉达基金会与电影界合作制作了大量电影（包括短片、动画电影和广告）。2010年，缪西娅首次担任威尔第歌剧《阿提拉》的艺术总监，该剧在美国纽约大都会博物馆上演。2013年与著名服装设计师凯瑟琳·马丁合作拍摄电影《了不起的盖茨比》［宾克利（Binkley），2013］。此外，普拉达集团还在意大利的博洛尼亚、帕多瓦、巴里和佛罗伦萨等城市赞助了各种文化遗产的修复项目。

除了全球新零售店的持续增长（2015年在70个国家开设了605家门店，与去年相比增加了18家，几乎是2010年的两倍），普拉达如今也投资企业门店和自己的活动庆典场所。2013年，一家新的普拉达旗舰店在米兰的历史地段埃马努埃莱二世拱廊开业。2014年，普拉达与雷姆·库哈斯合作，在韩国首尔建造了一个名为"Prada Transformer"的可翻转的临时展览空间，它融合了多个维度，成为电影展示、当代艺术、文化活动或时装秀的舞台（维斯康蒂 & 迪朱利，2014）。2014年，普拉达的"Pradasphere"展在香港开幕。2015年，普拉达基金会在米兰开设新的场馆。总而言之，普拉达集团继续增强其在全球市场的领导地位，将其定位为一个富有创造力、雄心勃勃、引领潮流的全球性企业，并深深扎根于米兰的奢侈品文化之中。下一节将详细介绍普拉达集团投资组合中的五个品牌。

品牌组合策略

品牌的力量与支撑品牌的商业模式密不可分[④]，是企业确保消费者在购买时所表达的需求得到有效满足的唯一途径（科普菲尔，2008）。普拉达集团商业模式的有效性和效率得到了首席执行官帕特里齐奥·贝尔泰利谨慎选择的保证。贝尔泰利在普拉达集团的商业流程中——从生产到分销——进行了多项创新，并在20世纪90年代初决定涉足古驰和海尔姆特·朗等品牌后又放弃收购。普拉达集团目前的商业政策是坚定地专注于核心品牌，主要是普拉达和缪缪，同时向新兴市场扩张，尤其是俄罗斯、中国和非洲（贝尔泰利，2012）。

贝尔泰利支持的最重要的选择是保持独立，在这一时期，奢侈品行业通过连续的合并和收购进行整合［利波维斯基（Lipovetsky）&鲁克斯（Roux），2003；科普菲尔&巴斯蒂安，2009；科普菲尔，2012］。从原材料的管理和工艺的质量控制，到通过全球的品牌分销网络向消费者提供产品的速度，这种独立性对于控制品牌所进行的所有活动的能力是至关重要的（贝尔泰利，2012）。不被纳入大型奢侈品集团的选择，以及随后专注于少数几个选定品牌的发展，可以追溯到普拉达企业文化的稳定性，正如贝尔泰利所说，"虽然我们经常不得不改变我们的计划，但我们管理公司的方式一直保持不变"（贝尔泰利，2012，第39页）。正是这种既忠于自己，又保持开放心态的能力，让普拉达品牌能够预见到自己所处时代的精神，并对全球奢侈品时尚品味产生影响。

精致的设计确保了普拉达和缪缪品牌保持精英主义的形象，这与缪西娅·普拉达的艺术风格息息相关，同时也创造了一个关于她作为艺术家的神话。缪西娅非服装传统的背景，强化了关于设计师生活故事和创造力的神话，使她成为艺术环境中的标志性人物之一［迪翁（Dion）&阿诺德（Arnould），2011］。对精致设计的追求，也体现在收购品牌的选择上。这些品牌目前已成为集团的一部分，下一节将简要描述每个品牌的主要特点。

普拉达

普拉达这个被"女魔头"⑤和全世界数百万顾客所穿的品牌，毫无疑问是全球奢侈品的标志之一。尽管普拉达具有非常规的"反时尚"和"反奢侈"的设计吸引力，它是唯一一个跻身品牌咨询公司英图博略奢侈品排行榜的意大利品牌（英图博略，2015）。普拉达集团的主要工作是致力于普拉达品牌价值的发展和增长，占集团销售总收入的81.2%，约14.6亿欧元（2015年1月至7月）。普拉达的前卫创意通过从皮具到成衣的商品表现出来，以集团的艺术相关策略和技术创新为支撑，也体现在零售场所中，在普拉达中心店的概念中得到了最大程度的体现，本章后面会详细讨论。

缪缪

缪缪品牌在1993年为缪西娅·普拉达的刺激性创意创造了一个空间，它既体现了"时装品味的公平性，又体现了重新定义的实验主义"，它与时尚品牌普拉达的冷静和极简风格截然不同。缪缪是集团第二大品牌，截至2015年7月底净销售额为29392万欧元，占销售总收入的16.3%。

时尚奢侈品品牌很常见的做法是创建一条价格较低的产品副线来扩大业务，以确保不太富裕的客户能够购买到品牌体验；类似安普里奥·阿玛尼、D&G、卡沃利（Just Cavalli）等品牌。尽管存在明显的相似性，但缪缪并不完全符合典型的副线品牌战略。一方面，缪缪的目标客户是年轻的客户，并且倾向于使用更实惠的材料；另一方面，根据对贝尔泰利的采访［凯塞（Kaiser），2006］，商品价格不一定低于普拉达，而是"符合产品质量"。因此，缪缪的战略不是成为普拉达的"妹妹"，而是一个"友好的竞争对手"，具有独特的显著身份（帕萨列洛，2010）。

Church's

Church's 是一个历史悠久的英国男鞋品牌，1873 年成立于北安普敦，其专业技术源自 1675 年的家庭制鞋经验。该手工艺品品牌于 1999 年被普拉达集团收购，目前占销售总收入的 2.1%，拥有 3838 万欧元的净销售额。该品牌战略的指导方针是，以客户群为目标，寻找高品质的工艺展示与经典优雅的设计。最近，该品牌首次推出了与男装系列风格一致的女装系列产品。

Car Shoe

Car Shoe 由詹尼·莫斯蒂尔（Gianni Mostile）于 1963 年在意大利成立，2001 年被普拉达集团收购。Car Shoe 最初是采用优质材料和手工工艺设计的，以增强驾驶跑车的体验。该品牌的目标是优雅的客户在休闲时需要的经典鞋子。该品牌的净销售额为 552 万欧元（截至 2015 年 7 月底），相当于普拉达集团销售总收入的 0.3%。

迈凯糕点 1824

2014 年 3 月，普拉达收购了迈凯糕点 80% 的股份，这家糕点店是由安吉洛·玛切西（Angelo Marchesi）于 1824 年在一座优雅的 18 世纪建筑内开设的，目的是发展这个由家族经营的米兰高级品牌［迈凯糕点（Pasticceria Marchesi），2016］。普拉达集团的目标是通过加强与消费者的沟通和联系，以及增加在其他具有象征意义地区的单一品牌商店的数量，将这家咖啡馆转变为米兰的"地标"，为当地人和游客服务（迈凯糕点，2016）。2015 年 9 月，第二家门店在"米兰魔圈"的另一处专属地点蒙提拿破仑大街（Via Monte Napoleone）开业，传承品牌长久以来的卓越传统。

将艺术、技术和消费者体验结合建立创意品牌

普拉达在全球享有"非时尚的时尚"（fashionless fashion）的美誉，其品牌建设战略反映出，在时尚这样一个竞争激烈的行业中，战略上的、在某种程度上非常规的选择可以帮助确立独特的地位。除了之前讨论过的设计和创意品牌愿景，普拉达能够在有影响力的资深客户的头脑和衣橱中占据独特位置的主要方法包括：建立艺术与品牌之间的紧密联系，战略性地利用技术建立消费者与品牌的联系，以及投资普拉达中心店等创新大胆的建筑项目。

巧妙的品牌建设

普拉达品牌最有力的策略之一就是将时尚界和当代艺术结合起来。如今，香奈儿或爱马仕等主要奢侈品品牌都在以一种战略性的方式利用与艺术的联系［魏德曼（Weidemann）& 亨宁斯（Hennings），2013］，但并非所有有抱负的时尚公司都能在艺术界获得巨大反响。相反，普拉达品牌深谙文化艺术世界，这要归功于缪西娅·普拉达和帕特里齐奥·贝尔泰利对全球视觉艺术领域的真正兴趣和积极参与。据现任楚萨迪（Trussardi）基金会负责人、纽约新博物馆馆长以及威尼斯双年展（Venice Biennale）艺术部主任的马西米利亚诺·基奥尼（Massimiliano Gioni）说，普拉达可以被认为是艺术领域最活跃的公司之一。此外，如果没有这些来自时尚奢侈品商业世界的赞助者的支持，意大利当代艺术市场将不会是现在这个样子［帕帕拉尔多（Pappalardo），2014］。例如，如果没有普拉达基金会的支持，像弗朗西斯科·维佐里⑥这样的国际知名艺术家可能不会获得国际认可。普拉达基金会是一个真正的艺术支持机构，由缪西娅和帕特里齐奥担任主席，成立于1993年，拥有20多年的当代艺术推广经验。2015年5月以来，基金会在米兰由建筑师雷姆·库哈斯修复的一幢建筑内新开了一个展示区（普拉达基金会，2016；瑞恩，

2007）。与国际领先建筑师的合作是普拉达品牌的另一个优势，它使普拉达在世界范围内增加零售店的知名度，创造了一个不断发展的品牌体验空间，并亲自向客户讲述普拉达的品牌精髓［派恩（Pine）& 吉尔摩，1999；韦斯科维（Vescovi）& 切奇纳托（Checchinato），2004］。

技术强化品牌体验

普拉达除了与当代艺术界的关系之外，另一个创新来源是技术投资。其中最具创新性的项目包括可穿戴电子设备、鞋子手机或普拉达笔记本电脑——所有项目到目前为止仍处于概念状态（普拉达，2009）。2007年，普拉达与LG合作推出了一款智能手机，这款手机为触屏移动设备的发展做出了巨大贡献。LG和普拉达的触摸屏技术是首批进入市场的产品之一——与苹果手机同一年。这款智能手机将功能与前卫设计结合在一起，并在2008年和2011年重新发布了两个后续版本。虽然LG和普拉达推出的首款智能手机与其他触屏设备（如苹果手机）相比价格更高，但其后续产品的定价与其他安卓智能手机［如宏达电子灵感系列（HTC Sensation）或索尼爱立信智能高端系列（Sony Ericsson Xperia）］相比非常有竞争力，这说明普拉达与LG的合作从一开始是一种"奢侈品"技术，但后来却转向基于功能与其他智能手机竞争。不过从长远来看，在触屏智能手机这样的创新驱动市场，将普拉达的品牌形象简化为一种设计元素并不十分成功。

普拉达涉及技术的最有趣的项目可能与零售体验有关，尤其是那些专门为中心店设计的项目。普拉达的大部分技术创新都是由大都会建筑事务所（Oma）进行设计和制作的，其中一些概念性的零售空间也是在其设计基础上实现的（大都会建筑事务所，2016）。应用的活动之一涉及射频识别（RFID），或者是用于客户关系管理（CRM）的电子标签。这些卡片为了永久替换插入每个普拉达标签中的条形码而设计（普拉达，2009）。而射频识别旨在成为品牌和消费者之间的一个接口，消费者可以通过与工作人员直接互动或通过普拉达网站在家中搜索产品的更多信息。这一技术直接关系到普拉达的忠实客户卡。通过这些设备，销售人员可以立即识别客户，从而通过为每个客户提供合适的尺寸或首选的颜色，确保高度定制的购物体验。（普拉达，2009）。与此同时，这种关系是互动的，相同的客户可以使用自己的卡片创建一个可以在线访问的个人虚拟衣橱，或者询问有关产品的更多信息［射频识别杂志（*RFID Journal*），2002］。

其他引进中心店的技术创新是试衣间、售货空间和店内秀。第一个是创新的试衣间，在这里，顾客再次成为购物体验的活跃部分，能够查询库存、控制试衣间的灯光、下单和询问有关产品的问题，甚至可以调整同一试衣间墙壁的透明度（普拉达，2009）。售货空间和店内秀是互动空间中的核心，客户甚至可以直接现场搜索普拉达网站，或者从中选择多种不同类型的频道，如特殊的视频制作、时装秀的后台、商店安全摄像头视频、电视频道、家庭录像或老电影（普拉达，2009）。

沉浸式品牌体验：普拉达绿色门店和中心旗舰店

时尚品牌的零售空间不只是销售产品，而是通过确保"崇拜营销"在完全专注于品牌的空间中与消费者进行对话，传播设计师的光环（迪翁&阿诺德，2011）。

普拉达的第一个原创零售概念是由建筑师罗伯托·巴奇奥奇设计的绿色商店，于1983年在米兰开业。它以一种特别的浅绿色为特色，这种绿色很快就被公认为"绿色普拉达"。自此，普拉达开始在世界各地铺设绿色商店网络（普拉达，2009）。选择将重点放在零售空间的传播上，主要反映了与终端消费者直接接触的需要，这确保了更好地控制品牌形象。

然而，这种策略可能会给奢侈品公司带来一些问题，因为直营店的增加确保了品牌知名度的提高，但与此同时，也破坏了奢侈品品牌必须在消费者眼中保持的稀缺性和精英主义观念［巴尼尔（De Barnier）、法尔西（Falcy）& 瓦莱特·佛罗伦萨（Valette-Florence），2012；科普菲尔，2012］。普拉达优雅地掩盖了其绿色商店在全球过度扩张的危险，除了绿色商店，它还引入了一个概念上不同的零售空间——中心旗舰店。

　　普拉达在纽约、洛杉矶和东京有三家"官方"中心店（普拉达，2009，2016），但2013年在米兰埃马努埃莱二世拱廊新开的精品店和伦敦旗舰店通常被称为"其他"普拉达中心店（维斯康蒂 & 迪朱利，2014；大都会建筑事务所，2016）。中心店均由国际知名建筑师设计，如雷姆·库哈斯（纽约和洛杉矶）、赫尔佐格和德梅隆（东京），他们都是普利兹克奖（Pritzker Prize，建筑界的诺贝尔奖）的得主（图5.2）。

　　普拉达在纽约的第一家中心旗舰店是对全球购物趋势进行了三年研究的产物，它被视为一个独特的旗舰店——与各大奢侈品牌的普通旗舰店截然不同。这个中心店绝对是普拉达想要的技术、艺术和建筑的完美结合，以确保消费者拥有独特的体验。它也是普拉达的第一个中心店，上面描述的大多数创新都是在这个中心店接受首次测试再推广的。

　　在内部，它的特点是"木质台阶的起伏变化连接着街道和店铺，在店铺天花板悬挂着有轨滑动的巨型笼式展示架，以及一个举办特殊活动的可翻转折叠舞台"（普拉达，2009，第432页）。这个多功能的地板还可以举办音乐会、电影放映、展览和特殊活动。纽约中心店的另一个重要元素是"墙"，它覆盖了整个街区，被用作当代视觉艺术的画布，这些视觉图案不断变化，不时地改变商店的氛围。纽约中心店立即获得了成功，并始终是全球旗舰店的最佳典范之一（普拉达，2009）。

　　位于著名青山区的普拉达东京中心店，被认为是东京十大最佳建筑作品之一［罗林斯（Rawlings），2012］，紧随纽约之后。六层的结构被设计成与周围空间形成一个完美融合的整体，建筑是透明的，城市不断地反映在整个建筑的玻璃表面。建筑的建造也使得普拉达广场成为城市中心的公共空间。室内的特点是设计和技术元素，如仿照潜水艇水下通气管的管道装置，作为传输声音、灯光和图像的特殊接口（普拉达，2009，2016）。

图5.2 普拉达在东京（左）和纽约（右下）的中心概念店，以及米兰埃马努埃莱二世拱廊（右上）的新门店 [来源：由克劳迪娅·帕努齐奥（Claudia Panunzio）（东京）、埃琳娜·塞德罗拉（米兰）和伊娜·利特维诺娃（Inna Litvinova）（纽约）拍摄]

　　在纽约和东京空间的成功之后，接着开放的洛杉矶普拉达中心店位于贝弗利山历史悠久的罗迪欧大道。这个设计与纽约正好相反，"木质地板在店内一层如波浪般隆起，上升到二楼，然后又回落，如一座丘陵"（普拉达，2016）。整座大楼没有门，完全邻街开放。内部空间的特点是专门为这个零售空间打造的树脂海绵内墙，而主楼梯由一种特殊的材料制成，可根据实际客户的数量产生缩小或扩大商店大小的奇妙效果。同样，这个空间就像纽约中心店，也是由墙纸定义的，它可以很容易地更新内部的氛围（普拉达，2009）。

普拉达中心店的设计和管理有着巨大的不同，因为他们的最终目标是为品牌创建一个真正的实验室（普拉达，2009）。娱乐场所不仅能够销售产品或服务，还能够传播企业的品牌形象［施密特&西蒙森（Simonson），1997］。在这方面，我们认为，普拉达的中心店完全包含在科齐内茨（Kozinets）和他的同事（2002年）所定义的主题旗舰店内，即一种能够从专门为品牌建设的娱乐活动中获得收入的场所，而不仅仅是售卖产品和服务（科齐内茨，等人，2002）。

讨论和含义

普拉达是少数几个仍保持独立的奢侈品集团之一，它的成功得益于高水平的生产标准、以设计为导向的创新，以及直接接触消费者的高效商业模式。品牌价值的建立和加强得益于集团在国内和国际直接管理的零售场所所占的高份额。另外，反主流的创新是由缪西娅·普拉达的创意领导——围绕她的人生故事的"神话"——发起的，也是该集团与视觉艺术界（尤其是当代建筑和前卫艺术）日益密切的联系。普拉达品牌不仅是国际上公认的"非时尚的时尚"的象征，而且在建立品牌时，独立的战略方向补充了其关于独特性的创造性视野。

纵观普拉达的历史，无论是作为一个品牌还是作为一个集团，它都依赖于一些最不寻常的奢侈品牌策略：1984年使用尼龙等普通材料打造一款时尚经典背包；放弃与跨国奢侈品巨头的合并；首创中心店等多功能文化零售空间概念；挑战自身"意大利制造"的实力，以挑衅性的"世界制造"运动，与世界艺术广泛合作。同时，除了不断寻求差异化，普拉达品牌已经建立了一个合适的商业模式，确保效率、功能性，同时抵御时间的侵蚀（科普菲尔，2008），如全球范围内广泛的直接管理零售店、高质量的生产定位、管理一致性等。普拉达实现这一品牌战略的共同点是，它能够将时尚和设计与视觉艺术、技术以及当代建筑等其他现实联系起来。

中心旗舰店最终代表了普拉达所擅长的各种品牌建设元素的精髓。首先，通过对当代零售趋势的仔细审视，将其重新塑造为消费者最具原创性的零售体验，包括休闲活动、艺术作品、审美氛围、互动科技设备等，让品牌再次逆主流而动。作为主题品牌旗舰店，其目的是将品牌理念提升到极致，通过各种超越单纯购物的活动与消费者分享故事。

其次，尽管从严格的财务角度来看，这是一项有争议的投资，但它的战略和组织目的是扩大公司直营店的网络，并明确地表明，该品牌的意图是保持独特和独立。换句话说，品牌旗舰店的预算应该被视为长期品牌建设战略的一部分。

它们将时尚世界与视觉艺术、技术和当代建筑融为一体。除了作为建筑的先锋空间，中心旗舰店还创建了一个真正的实验室，与周围的自然和文化景观产生新形式的品牌互动。通过这种方式，品牌的体验不仅可以向终端消费者开放，也可以向单纯的观察者开放，他们可以在普拉达中心店欣赏一场音乐会或一场时装秀。另外，由于技术创新，如与射频识别相连的客户卡、智能更衣室、售货空间和店内秀等，中心店还为其核心客户——有影响力的资深买家——创造了独特的体验。通过与核心消费者和短暂停留的观察者的不断互动，中心旗舰店帮助普拉达形成并产生了对当代社会的反思——这种反思不断滋养着品牌的愿景和创造力。

最后，它们是普拉达品牌神话理想化的体现与延伸，尤其是被用作营销杠杆的崇拜光环，始终围绕着普拉达的"反时尚"声誉（迪翁&阿诺德，2011）。

普拉达的中心店并不是普拉达品牌战略成功的唯一基础，但它们代表了普拉达在整个品牌建设过程中所信奉和培育的核心价值观的协同作用［博尔吉尼（Borghini）等人，2009］。以独立和直接控制零售为导向的商业战略的合并，管理的连贯性，清晰的品牌组合，追求审美和文化的差异，通过与当代艺术场景的联系不断地寻找更新的"反时尚"形象，对技术、艺术和建筑的非常规使用，所有这些元素融合在一起，打造了一个富有创意、雄心勃勃、引领潮流的全球业务和普拉达品牌。

注　释

① 2013年，中国政府发起了一场反腐败运动，打击政府官员利用公款组织宴会、度假和奢侈消费等社会风气。这导致了奢侈品销售在中国市场的急剧下降，是几十年来奢侈品销售的第一个负面趋势。

② 20世纪80年代末，普拉达的包、鞋和配饰需求旺盛，最受欢迎的产品只与相对不太知名的女装成衣一起卖给零售商；到了20世纪90年代后期，又加上年轻副线缪缪、男装和运动装系列一起卖给零售商（托卡特利，2014）。

③ 就像巴黎的高级定制时装和佛罗伦萨的皮革工业一样，"米兰魔圈"代表着一群成衣行业的参与者，他们共同构建了时尚界的文化资本。这样的文化资本是用于一个组织资产（如知识、人力资源可用性、合作机会、成本控制、创新）的公司在米兰附近活动，同时作为一个战略营销杠杆（如形象、声誉、竞争优势）的组织将其中的成员链接到米兰，与世界其他国家合作。

④ 品牌组合部分的所有数据均为2015年1月至7月的中期财务报告，因为普拉达集团在撰写本案例时没有年报。

⑤ 《穿普拉达的女魔头》（The Devil Wears Prada）是一部2006年的喜剧（排名2006年美国及海外前20强），由安妮·海瑟薇（Anne Hathaway）、梅丽尔·斯特里普（Meryl Streep）、艾米莉·布朗特（Emily Blunt）、斯坦利·图齐（Stanley Tucci）等主演。这部电影改编自劳伦·韦斯伯格（Lauren Weisberger）2003年出版的同名小说。

⑥ 弗朗西斯科·维佐里（1971年生于意大利布雷西亚）就读于伦敦中央圣马丁艺术学院，现生活和工作于米兰。他的作品已在许多机构展出。

参考文献

[1] Bertelli, P. (2012). Prada's CEO on staying independent in a consolidating industry. *Harvard Business Review*, 90(9), 39–42.

［2］ Betts, K. (2005). Miuccia Prada. *Time*. Retrieved from http://content.time.com/ time/specials/packages/article/0,28804,1972656_1972696_1973344,00.html

［3］ Binkley, C. (2013, April 18). How Prada created a "Gatsby" fashion moment. *Wall Street Journal*. Retrieved from http://www.wsj.com/articles/ SB10001424127887324 493704578428790345230204

［4］ Borghini, S., Diamond, N., Kozinets, R. V., McGrath, M. A., Muniz, A. M., & Sherry, J. F. (2009). Why are themed brand stores so powerful? Retail brand ideology at American Girl Place. *Journal of Retailing*, 85(3), 363–375. doi:10.1016/ j.jretai.2009.05.003

［5］ Bumpus, J. (2010, September 29). Prada's new label. *Vogue*. Retrieved from http://www.vogue.co.uk/news/2010/09/29/prada-country-of-origin-labels

［6］ Cedrola, E., Battaglia, L., & Quaranta, A. G. (2015). The country of origin effect (COO) in the industrial sectors: The results of an empirical study. *In Proceedings of the 14th International Congress Marketing Trends. Paris*, France.

［7］ Cedrola, E., & Battaglia, L. (2013). Country-of-origin effect and firm reputation influence in business-to-business markets with high cultural distance. *Journal of Global Scholars of Marketing Science,* 23(4), 394–408. doi:10.1080/21639159.2013. 818280

［8］ Corbetta, G. (1995). Patterns of development of family businesses in Italy. *Family Business Review,* 8(4), 255–265. doi:10.1111/j.1741-6248.1995.00255.x

［9］ De Barnier, V., Falcy, S., & Valette-Florence, P. (2012). Do consumers perceive three levels of luxury? A comparison of accessible, intermediate and inaccessible luxury brands. *Journal of Brand Management,* 19(7), 623–636. doi:10.1057/ bm.2012.11

［10］ Dion, D., & Arnould, E. (2011). Retail luxury strategy: assembling charisma through art and magic. *Journal of Retailing*, 87(4), 502–520. doi:10.1016/j. jretai.2011.09.001

［11］ Dunford, M. (2006). Industrial districts, magic circles, and the restructuring of the Italian textiles and clothing chain. *Economic Geography,* 82(1), 27–59. doi:10.1111/j.1944-8287.2006.tb00287.x

［12］ Felsted, A. (2015). Business pioneers in fashion & retail. *The Financial Times*. Retrieved from http://www.ft.com/cms/s/2/31b2c0f4-cc95-11e4-b5a5-00144feab7de. html#axzz4CuCelDJp

［13］ Fondazione Prada. (2016). *Fondazione Prada*. Retrieved from http://www.fon

dazioneprada.org/?lang=en

［14］ Grosvenor, C. (2015, July 7). From suitcases to Oscar gowns, from Milan to the World. Retrieved from http://www.lifeinitaly.com/fashion/prada.asp

［15］ Holt, D. B. (2004). *How brands become icons: the principles of cultural branding*. Boston: Harvard Business Press.

［16］ Holt, D. B., Quelch, J. A., & Taylor, E. L. (2004). How global brands compete. *Harvard Business Review*, 82(9), 68–75.

［17］ Interbrand. (2015). Best global brands 2015. Retrieved from http://interbrand. com/best-brands/best-global-brands/2015/ranking/

［18］ Irving, M. (2003, June 21). Being Miuccia she has created one of the most coveted brands in fashion, but is uneasy with the connotations this world evokes. As Miuccia Prada unveils a new Tokyo store, she talks to Mark Irving about art, commerce and a passion for architecture. *Financial Times*. Retrieved from http:// search.proquest.com/docview/249502205? accountid=14604

［19］ Kaiser, A. (2006, March 3). Miu Miu comes into its own. *WWD*, 191(46), 7. Retrieved from http://search.proquest.com/docview/231117166?accountid= 12180

［20］ Kapferer, J. (2008). *The new strategic brand management: creating and sustaining brand equity long term*. London: Kogan-Page.

［21］ Kapferer, J. N. (2012). Abundant rarity: the key to luxury growth. *Business Horizons*, 55(5), 453–462. doi:10.1016/j.bushor.2012.04.002

［22］ Kapferer, J.-N., & Bastien, V. (2009). The specificity of luxury management: turning marketing upside down. *Journal of Brand Management*, 16(5–6), 311–322. doi:10.1057/bm.2008.51

［23］ Kozinets, R. V., Sherry, J. F., DeBerry-Spence, B., Duhachek, A., Nuttavuthisit, K., & Storm, D. (2002). Themed flagship brand stores in the new millennium: theory, practice, prospects. *Journal of Retailing*, 78(1), 17–29. doi:10.1016/ S0022-4359(01)00063-X

［24］ Lipovetsky, G., & Roux, E. (2003). *Le luxe éternel. de l'Age du Sacré au Temps des Marques*. Paris: Gallimard.

［25］ Love and fashion affairs: Prada fall/winter1996-97. (1996, September 30). *Business World*. Retrieved from http://search.proquest.com/docview/ 234012401?accountid=12180

［26］ Marchesi. (2016). Marchesi 1824. Retrieved from http://www.pradagroup.com/

en/brands/marchesi-1824

[27] Moore, C. M., Doherty, A. M., & Doyle, S. A. (2010). Flagship stores as a market entry method: The perspective of luxury fashion retailing. *European Journal of Marketing,* 44(1/2), 139–161. doi:10.1108/03090561011008646

[28] Moore, C. M., & Doyle, S. A. (2010). The evolution of a luxury brand: the case of Prada. *International Journal of Retail & Distribution Management,* 38(11/12), 915–927. doi:10.1108/09590551011085984

[29] Oma. (2016). Oma office work search. Retrieved from http://oma.eu/projects/prada-epicenter-london

[30] Pappalardo, D. (2014). Gioni: Ecco la mia nuova Biennale. Retrieved from www. repubblica.it/cultura/2014/11/30/news/gioni_ecco_la_mia_nuova_biennale-101811389

[31] Passariello, C. (2010, October 6). In bloom: Miu Miu comes of age. *Wall Street Journal* Retrieved from http://search.proquest.com/docview/756549320?accountid=12180

[32] Passariello, C. (2011, June 24). Prada is making fashion in China. *Wall Street Journal.* Retrieved from http://www.wsj.com/articles/SB10001424052702304231204576403680967866692

[33] Pasticceria Marchesi. (2016). Marchesi 1824. Retrieved from http://www.pasticceriamarchesi.it/index

[34] Pine, B. J., & Gilmore, J. H. (1999). *The experience economy: work is theatre & every business a stage.* Boston: Harvard Business Press. doi:10.1080/02642069700000028

[35] Prada. (2009). *Prada.* Milano: Progetto Prada Arte.

[36] Prada. (2015). Company profile-October 2015. Retrieved from http://www.pradagroup.com/uploads/prada/document/document/40/PRADA_GROUP_Company_Profile_October_2015_ENG.pdf

[37] Prada. (2016). Prada Epicenters. Retrieved from http://www.prada.com/it/a-future-archive/epicenters.html

[38] Prada Group. (2016). Annual reports. Retrieved from http://www.pradagroup.com/en/investors/financial-reports

[39] Rawlings, A. (2012). 10 of Tokyo's best works of architecture. *The Guardian*

Website. Retrieved from http://www.theguardian.com/travel/2012/feb/01/top-10-buildings-architecture-tokyo

［40］ RFID Journal. (2002, June 24). *Learning from Prada.* Retrieved from http://www.rfidjournal.com/articles/view?196/

［41］ Ryan, N. (2007). Prada and the art of patronage. *Fashion Theory*, 11(1), 7–24. doi:10.2752/136270407779934588

［42］ Schmitt, B., Rogers, D., & Vrotsos, K. (2003). *There's no business that's not show business: marketing in an experience culture.* New Jersey: FT Press.

［43］ Schmitt, B., & Simonson, A. (1997). *Marketing aesthetics: the strategic management of brands, identity, and image.* New York: The Free Press.

［44］ Tokatli, N. (2014). "Made in Italy? Who cares!" Prada's new economic geography. *Geoforum,* 54, 1–9. doi:10.1016/j.geoforum.2014.03.005

［45］ Vescovi, T., & Checchinato, F. (2004). Luoghi d'esperienza e strategie competitive nel dettaglio. *Micro & Macro Marketing,* 3, 595–608. doi:10.1431/18864

［46］ Visconti, L. M., & Di Giuli, A. (2014). Principles and levels of Mediterranean connectivity: evidence from Prada's "Made in Worlds" brand strategy. *Journal of Consumer Behaviour,* 13(3), 164–175. doi:10.1002/cb.1477

［47］ Weidemann, K. P., & Henningss, N. (2013). *Luxury marketing a challenge for theory and practice.* Wiesbaden: Springer Gabler. doi:10.1007/978-3-8349-4399-6

作者简介

斯特凡尼亚·马塞博士是波城和阿杜尔城大学的兼职教授，她在那里教授市场营销和国际营销。她还是意大利马切拉塔大学的营销绩效学教授。她目前的研究方向包括奢侈品、消费行为和文化艺术营销。

克塞尼亚·锡尔琴科目前在意大利马切拉塔大学攻读经济学和管理学博士学位。她的教育背景是跨文化研究，在攻读博士学位之前，她曾是一家全球营销咨询公司的消费者洞察研究员和分析师。她的研究方向集中在市场营销和消费者行为、品牌管理、价值创造和营销传播等领域。

第六章

路易威登：以艺术为基础的独家传播策略

斯特凡尼亚·马塞 & 埃琳娜·塞德罗拉

Stefania Masè & Elena Cedrola

摘要： 全球的奢侈品工业已经从一些零散的中小型企业转变成大型的奢侈品集团。伴随着如亚洲等市场的扩大，销售规模得以增长，导致产品的工业化超过手工化。这些转变降低了奢侈品品牌的独特性，可能会导致奢侈品品牌在消费者眼中商品化。

为了减轻这种商品化的问题，许多奢侈品品牌致力于通过战略性的艺术赞助、慈善活动以及与艺术家发布联名限量系列的方式来提升品牌的独特性和声望。

斯特凡尼亚·马塞（联系地址）
法国新阿基坦大区，比利牛斯大西洋省，波城，波成和阿杜尔城大学，波城—巴约讷管理学院

埃琳娜·塞德罗拉
意大利，马切拉塔大学，经济与法律系

© 作者（年代）2017
金炳昊、埃琳娜·塞德罗拉（编），时尚品牌与传播，Palgrave 案例研究：全球时尚品牌管理，
DOI 10.1057/978-1-137-52343-3_6

这些活动将奢侈品牌与艺术界联系起来，构成了一种"艺术化"战略。可以以奢侈品品牌路易威登作为案例来解释：它曾经将奢侈品品牌与日本当代艺术家村上隆（Takashi Murakami）和草间弥生（Yayoi Kusama）联系起来。通过分析，我们可以识别这些艺术战略如何利用与艺术界不同的接触点，如广告赞助和产品设计，来传达奢侈品品牌所具有的独特性和声望。

关键词：奢侈品品牌；商品化；联合品牌；艺术策略；艺术化

介　　绍

奢侈品品牌正在越来越多地与艺术界产生关系并形成一种战略，统称为"艺术化"战略（科普菲尔，2012，2014；马塞，2016）。在艺术社会学中，也会使用"艺术化"来定义将非艺术品作为艺术处理的过程［努卡里宁（Naukkarinen），2012；海涅克（Heinich）& 夏皮罗（Shapiro），2012］。在管理研究中，这一术语同样适用于奢侈品公司将其品牌和产品与艺术世界联系起来的一系列管理（科普菲尔，2014），包括奢侈品品牌参与多项艺术相关活动，比如赞助艺术和慈善事业、资助博物馆和拍卖行、与艺术家合作举办艺术博览会，从而实现限量收藏以及广告和传播活动（科普菲尔，2012；马塞，2016）。这一战略旨在确保消费者对排他性的认识和对销售的刺激，因此它已成为奢侈品品牌面临商品化问题的基本对策。为了在行业中成长，奢侈品牌经常通过低成本系列（如成衣）增加产量来渗透全球市场。这样一来就导致商品化问题[①]的出现，与奢侈品的核心原则、稀缺性和排他性原则背道而驰（杜布瓦、劳伦特 & 策勒，2001；维格隆 & 约翰逊，1999，2004）。

路易威登，世界第一的奢侈品品牌［卡文德（Carender）& 金凯德（Kincade），2014；英图博略，2016］成立于1854年，因其高品质的手工皮革产品成为最著名的奢侈品之一。路易威登作为家族企业如今已经到了第5代，始终坚持维护高品质和原创性的国际声誉。路易威登的品牌标识在全世界范围得以传播，源于由路易威登前任艺术总监马克·雅可布（Marc Jacobs）在1997年发布的成衣系列［施平德勒（Spindler），1997］。尽管路易威登的产品以连续、工业化的方法进行生产，这些年其产品销量仍然持续增长，它的声望也没有下降的迹象。这得益于路易威登"制定虚拟稀缺，构建自身艺术"的策略，避免了商品化对这个奢侈品品牌的影响（科普菲尔，2012，第453页）。

路易威登通过艺术化的方法达成去商品化战略的长期运行［加斯帕琳娜（Gasparina）、奥布莱恩（O'Brien）、五十岚（Igarashi）、卢纳（Luna）&斯蒂尔（Steele），2009；李、陈&王，2014；里奥、沙马雷&里戈，2013；乔伊（Joy）王、陈、雪莉（Sherry）&崔（Cui），2014］。路易威登文化空间的不断增多、当代艺术基金会的创建，以及最近成立的品牌艺术与文化部门等都表明：艺术策略已经成为法国奢侈品的重要组成部分。

在历史概述中说明了路易威登的诞生和发展之后，本案例将继续介绍其与艺术联系的策略活动以及其所有者路威酩轩集团的情况。在这之后，这一章节将关注两个特殊的艺术化活动：路易威登品牌分别在2008和2012年与当代视觉艺术家村上隆②和草间弥生③合作了女性限量款系列。成功的艺术家可以被视为品牌的经理，积极发展、培养和宣传自己，使自己成为充满竞争的艺术领域中具有识别性的"产品"（施罗德，2005，第1292页）。从这个意义上讲，本文将研究村上隆和草间弥生与路易威登的联名品牌如何通过艺术化策略进行不同的活动，该策略源于收藏品的创作、艺术家的赞助以及各种赞助活动。本章将主要分析艺术机构积极参与管理的交流活动。这些广泛的合作通过限量系列创造了一个虚拟稀有品，有效地使路易威登去除商品化。这些与艺术合作有关的活动也能够顺利地将路易威登带入当代博物馆［凯勒&莱曼（Lehmann），2003；里奥，等人，2013］。

马克·雅可布是路易威登艺术战略的主要推动者之一，与村上隆和草间弥生的合作是通过他实现的艺术合作之二。本章还将以路易威登女装的新创意总监尼古拉·盖斯基埃（Nicolas Ghesquière）实施的最新艺术战略，以及新管理层的介入与干预为例进行分析。

本案例数据来源于巴黎路易威登文化空间部总监玛丽·安格·穆朗格（Marie-Ange Moulonguet）（2014年2月）的访谈，以及2014年和2016年巴黎路易威登当代艺术基金会的实地考察与意大利和法国几家商店的走访，包括在贸易和学术期刊、书籍、企业网站及其他大众媒体上发表的英语、法语和意大利语文章等。

路威酩轩集团与路易威登品牌概述

路易威登被认为是第一个世界奢侈品牌（英图博略，2016），是路威酩轩集团的核心品牌。本书将概述路威酩轩集团，然后了解路易威登的概况。

路威酩轩集团概述

路威酩轩集团与开云集团（以前称为巴黎春天集团）和历峰集团分别是世界三大奢侈品集团。这家法国跨国奢侈品公司成立于1987年，品牌精神是"代表西方生活方式中最重要的品质"（路威酩轩，2016a）。该集团2015年的销售总收入为357亿欧元，营业利润率为19%，这归功于品牌旗下70个知名品牌的品牌组合，并被分为五个运营集团，包括时装及皮革制品、精品零售④、葡萄酒及烈酒、香水及化妆品以及手表及珠宝（表6.1）（卡文德＆金凯德，2014；路威酩轩，2016b，2016c）。如表6.1所示，2015年时装与皮革制品及精品零售类别分别占销售总收入的约35%及31%。

自1989年以来，路威酩轩集团46.6%的股份属于阿诺特（Arnault）家族集团，其中伯纳德·阿诺特（Bernard Arnault）担任集团首席执行官。

该集团拥有超过12万名员工和一张遍布全球的国际零售网络，其中包括
3860家直营店，在各大洲均有业务（表6.2）。

表6.1 路威酩轩按运营集团划分的财政收入（百万欧元）

业务项	2013	2014	2015
时装与皮革制品	9883	10828	12369
精品零售类	8903	9534	11233
葡萄酒与烈酒	4173	3973	4603
香水与化妆品	3717	3916	4517
手表与珠宝	2697	2782	3308
其他活动与冲销	357	395	366
总　计	29016	30638	35664

注：路易威登财政年度截至2015年12月（路威酩轩，2015，第2页）。

表6.2 路威酩轩按地理区域划分的财政收入和门店数量

商店	收入（％）	店铺数量
亚洲（不包括日本）	27	951
美国	26	732
欧洲（不包括法国）	18	1012
其他市场	12	276
法国	10	482
日本	7	407

注：作者根据路威酩轩2015年数据制作（路威酩轩，2015，第2页）。

　　该集团的经营形式是较为分散的组织，集团允许品牌拥有自主权和
强力增长的业绩。每个品牌都保持其独特的身份、传统和专业知识，所
有这些都是延续成功的基石。对于管理集团而言，每个品牌自身必须保

持独特的品牌价值，同时帮助集团接受新的想法和决策。就集团层面而言，路威酩轩的战略载体之一是控制产品的分销，特别是时装和皮革制品部门。这使得集团可以从分销利润中受益，保证严格控制品牌形象，并与客户建立更紧密的联系。

为了实现这些目标，路威酩轩在时尚和皮革制品的基础上创建了一个国际独家精品店网络，其中包括1566家商店（这个数据截至2015年12月31日）。据官方网站报道：2015年，时装与皮革制品销售额达到123亿欧元，占集团销售总额的35%。时装与皮革制品的主要市场是法国（9%）、欧洲其他国家（22%）、美国（22%）、日本（11%）、亚洲其他国家（28%）以及其他市场（8%）。伯纳德·阿诺特管理路威酩轩集团的准则是塑造一个深深植根于人心的"高品质"的品牌形象，尤其针对路易威登品牌。因此，集团要求每个销售人员都需要前往巴黎接受适当的培训，同时鼓励员工了解公司的历史和文化以及最重要的品牌精髓（马塞，2016）。

路易威登拥有数十亿的客户，在时尚与皮革制品领域占据主导地位。它的使命是"创造激情"，通过实现跨越传统和现代的理念，成为人们心目中优雅和创造力的象征。基于此，路易威登充分发挥创造力，通过最优质的产品质量以及宝贵的品牌商标吸引力等概念构建其核心价值观。接下来会介绍路易威登品牌的主要信息。

路易威登品牌概述

路易威登品牌的独特吸引力、战略发展效率以及其在全球的长期运营提升了全球的集团活力。享有盛誉的法国生活方式、真实的技术诀窍以及管理得当的分销网络都是推动路易威登品牌活力增长的因素。而这一品质并不受早年公司管理层变化的影响。2013年，马克·雅可布离开了路易威登并辞去了艺术总监一职，转而投身于他的同名品牌马克·雅可布（Marc Jacobs），而路威酩轩集团拥有这个品牌的多数股权［门克斯

（Menkes）＆威尔逊，2013）。此外，在2014年，前首席执行官圣·卡斯利（Yves Carcelle）逝世，严重打击了该品牌的战略。2015年成为路威酩轩在创意和管理方面的重要一年，尼古拉·盖斯基埃带来了一位新的创意设计师——迈克尔·博克（Michael Burke）担任新一任首席执行官。

路易威登的形象建立在传统工匠的理念之上，融合"法国制造"生产模式。品牌强烈关注销售：产品在没有促销优惠的情况下，重新定位开设于52个国家的446家店铺。总体战略基础定位于复杂性和个性化方面，要首先优先考虑客户体验。这种态度反映在他们自2011年以来多样化的产品中：可以在皮革制品、鞋类和成衣类别中获得特殊订单或定制服务。图6.1所示的位于巴黎的路易威登旗舰店展示了销售人员用来刻印顾客姓名的工具。

图6.1　巴黎路易威登旗舰店的个性化空间
（来源：斯特凡尼亚·马塞于2016年6月拍摄；销售人员用于刻印客户姓名的工具）

此外，他们还推出了一款全新的高端皮具系列，顾客可以在销售助理的指导下创造出一个独特的个性化定制包包，彰显他们的个性。对于男士来说，路易威登开辟了定制鞋类、腰带服务，以及一系列可以个性化定制的晚装成衣（路威酩轩，2011）。路易威登对个性化的关注也有过先例，曾经定制了著名的大旅行箱系列，出售给想要与众不同的客户⑤。

关于生产，路易威登仅在补充制造能力方面使用第三方，借此实现品牌生产的灵活性。路易威登在全世界共有17家皮具制造商来提供品牌大部分的产品⑥：其中法国12家，西班牙6家，美国2家。路易威登鞋履系列的所有开发和生产流程均在其位于意大利费耶索·德阿蒂科（Fiesso d'Artico）的制鞋工坊中进行。

路易威登的行李箱制造主要依靠外部供应商供应的皮革和原材料制造。尽管只从少数供应商处采购大量的原材料，但由于这些材料也可以从其他来源获得，产品的制造并不会对特定的供应商产生依赖。

调查结果显示：路易威登在全球范围内拥有强大的品牌知名度（卡文德&金凯德，2014；英图博略，2016）。然而，奢侈品业务的品牌建设仍然是一项复杂的任务，店面设计和客户服务都反映品牌传统文化。此外，该品牌一直奉行高标价、有限的可用性以及几乎没有降价的奢侈品定价策略，以免让客户认为品牌价值会下跌。下一段内容将讲述路易威登历史上的一些里程碑。

路易威登的历史

该公司的名字来源于其创始人路易威登，这位19世纪的法国人在一位给显赫家族制作行李箱的工匠手下当过学徒，其中包括法国拿破仑三世（Napoleon Ⅲ of France）的家族。路易威登刚到巴黎时只有16岁，在马雷夏尔（Maréchal）先生手下当学徒。路易威登根据客户的需求学习了制作所必备的手工技能和定制专业产品的传统手艺。积累了17

年工匠经验的路易威登，于1854年在巴黎的卡普西纳街4号（靠近旺多姆广场）开设了他的工作室。一年之后，他在伦敦开设了一家商店并在阿涅尔（Asnières，巴黎东北部）建立了另一家工作室。如今这个地方坐落着路易威登的住宅和私人家族博物馆［维盖·德瓦塞斯（Viguie-Desplaces，2015）］，而位于阿涅尔的工作室时至今日仍然生产独家产品，有近170名工匠在那里工作并为世界各地的客户定制特殊产品。

1888年，路易威登制作了他的第一个经典标志图案：一张对比浅色和深棕色方格的棋盘。路易威登在1892年去世后，他的儿子乔治·威登（Georges Vuitton）接管了公司，将路易威登作为第一个"设计师品牌"发展到了新的高度。随后公司继续发展壮大，1914年路易威登大楼在巴黎香榭丽舍大街开业。路易威登一直奉行国际扩张战略以满足全球客户的需求，同时开拓新的国外市场。1978年，它在日本的官方品牌店分别于日本东京和大阪开业，随后成立日本分公司，开始由分公司统一进行供货，并于1981年在东京银座开设了独立商店；三年后，它又在韩国首尔开设了一家分店。1992年，路易威登在中国北京开设了第一家门店，成为第一家进入中国市场的欧洲奢侈品公司。

20世纪80年代是路易威登大赚的年代。1983年，路易威登赞助了美洲杯划艇赛的预赛；仅三年后，便创建了路易威登歌剧及音乐基金会。1986年，巴黎市中心的商店从马索大街搬到了更加优雅的蒙田大街。1984年，在财务总监约瑟夫·拉丰（Joseph Lafont）的催促下，公司在巴黎和纽约的交易所向公众出售股票。1987年6月，路易威登和酩悦轩尼诗（Moët-Hennessy）之间实现了40亿美元的合并，这使得前者能够扩大对奢侈品业务的投资，同时使酩悦轩尼诗免受接管的威胁。

路易威登在合并的同时会尊重每家公司在管理和作为子公司方面的自主权利。1997年，有远见的设计师马克·雅可布开始担任路易威登的艺术总监，并带领路易威登进入成衣领域［弗兰克尔（Frankel），2012］。路易威登将其尖端设计理念用于标志性产品，并委托艺术家来创造具有标识性的符号。路易威登始终引领时尚潮流而不影响传统工艺品，同时涉猎其他创意领域。其产品组合涵盖男女用品、行李箱和其他皮具、成衣、配件、鞋子、手表、珠宝、太阳镜、旅行书籍和书写工具等，其中手袋和公文包系列最受欢迎。除了产品外，路易威登还提供各种特殊订单、定制和产品维修的服务。

如今，路易威登先生作为一名高品质和创意制作人在国际上享有盛誉。除了维护品牌的历史遗产，公司的另一个价值是通过承担企业社会责任和在艺术文化领域的可持续性活动来表达其对客户和社区的责任精神。

基于艺术和艺术家合作的奢侈品战略

路威酩轩集团和路易威登品牌表达出它们对传统和当代艺术文化活动的支持与兴趣，特别是教育、文化以及创造力相关的艺术活动和倡议。正如路威酩轩董事长兼首席执行官伯纳德·阿诺特所说："对艺术和文化的支持是我们业务模式的核心。从集团创立之初，我就明确表示这是我们发展的战略重点。这一承诺体现了我们所有人共享的价值观、技艺和卓越的创造力，并将其置于艺术之中、文化之中和社会环境之中。"（路威酩轩，2016d）

这种对艺术遗产和文化的关注促成了路威酩轩遍及全球的赞助和慈善活动，从恢复历史古迹到支持博物馆的收藏，再到对当代年轻艺术家展览的支持（路威酩轩，2015）。与艺术联系的活动通常是由核心品牌路易威登具体实施的（图6.2）。

如图6.2所示，路易威登的艺术与商业之间的关系在20世纪90年代得到了加强，这要特别感谢马克·雅可布。作为当代和流行艺术的爱好者，马克·雅可布邀请艺术家以多种方式与路易威登合作：设计陈列柜、零售艺术装置以及销售点的展览。但是，马克·雅可布一个人也无法实现如此复杂的关系，路易威登的艺术化战略离不开其他两位关键人物的

支持。第一个是当代艺术收藏家伯纳德·阿诺特，他开启了这家公司重
生的运作，将其转变为现代奢侈品的终极表现。另一位关键人物是法国
奢侈品牌的首席执行官圣·卡斯利，他一直贡献自己的才能直到2014年
8月31日去世［克里维利（Crivelli），2014］。圣·卡斯利是路易威登与
马克·雅可布组织的国际知名艺术家合作活动的主要支持者。他还积极
支持在世界主要首都开设路易威登文化空间，他也被任命为路易威登当
代艺术基金会的第一任首席执行官（克里维利，2012a）。

图6.2　路易威登与艺术家合作的时间线（注：时间表显示了路易威登品牌之间主要基于
　　　艺术合作的艺术家名单。活动涉及赞助、零售展览和产品合作。）

路易威登与艺术家的合作证明了一个拥有更大市场的品牌标识建设项目。艺术可以影响顾客对品牌的心态，如思想、感受、经历、形象、感知、信仰和态度。品牌的价值最终取决于消费者，而沟通活动会影响消费者的"心态"——他们对此有何了解和感受（凯勒＆莱曼，2003）。路易威登的艺术活动包括其艺术策略，旨在通过艺术活动提高奢侈品牌在消费者眼中的独特性和声望。伯纳德·阿诺特、马克·雅可布和圣·卡斯利致力于将艺术合作融入品牌基因中，通过将其转变为最著名的奢侈品牌之一来提升其声望和独特性（克里维利，2014）。

对路易威登与艺术家合作的分析并不总是局限于现场合作，还可以包括一种持久的合作关系。一些艺术家通过他们与奢侈品牌历史和演变的联系被认为是这个家族的朋友（路易威登，2016a）。这种关系促使路易威登购买或委托家族去制作艺术品，在零售空间、生产工厂展出，或者保存在主要的收藏公司（路易威登，2016b）。在其他情况下，艺术家被要求在路易威登的文化空间或商业空间现场展出他们的作品。下文将展示路易威登品牌与艺术结合的相关活动示例。

零售空间艺术展

路易威登会选择在品牌零售空间中进行艺术品的展示。2006年，路易威登展出了丹麦当代艺术家奥拉维尔·埃利亚松的作品"看着你的眼"（Eye See You）[博纳科尔西（Bonacorsi），2014；埃利亚松，2015]。这一举措被证明是有风险的，因为艺术品在橱窗中展示，会限制店内产品的知名度，尤其是在繁忙的圣诞购物期间。路易威登全球旗舰店的橱窗里陈列着其他艺术家的各种作品。其中有一个极具煽动性的艺术展，是意大利艺术家瓦妮莎·比克罗夫特在2005年巴黎旗舰店落成典礼上的现场表演[生活方式领航员（Lifestyle Navigator），2005]。

另一种与单一品牌零售空间合作的方式是通过图书馆。在这些空间中，艺术书籍与知名的路易威登城市指南一起展出和销售，并通过著名

国际艺术家的照片丰富内容。客户
还可以在位于巴黎、东京和慕尼黑
的商业展厅附近区域的路易威登文
化空间内找到正在进行展览的书籍
（图6.3和图6.4）。

路易威登文化空间

路易威登文化空间是致力于艺术
展览的场所，位于巴黎、东京和摩纳
哥的旗舰店顶层。与零售区域相连，
消费者可以在购物时参观文化空间。
这些区域类似于艺术画廊，作为艺术
家和潜在买家之间的交流契机，同时
可以与品牌的主要目标受众——国际
文化精英沟通。品牌通过与艺术名家
的直接接触，加强品牌自身在国际艺
术市场中的地位，使品牌成为文化而
非奢侈品生产商。通过这种方式，路
易威登将自己展现为一个文化组织
（马塞，2016）。

图6.3 路易威登在意大利最著名
的时尚大街——米兰蒙特拿破仑街
（Montenapoleone Street）的门店
（来源：埃琳娜·塞德罗拉于
2016年3月拍摄）

路易威登当代艺术基金会

路易威登与艺术世界的最新联系是在巴黎布洛涅森林公园（Bois de
Boulogne）成立的路易威登当代艺术基金会。该基金会于2014年开业，
由路易威登品牌直接管理，它的落成进一步证实了品牌作为艺术赞助
人身份的参与（图6.5）。当代艺术基金会的建筑结构是由弗兰克·盖瑞
（Frank Ghery）创建并屡获殊荣，其建立旨在保护法国和国际当代艺术

图6.4 路易威登在巴黎香榭丽舍大街（Champs Elysées）的旗舰店中的书店
（来源：斯特凡尼亚·马塞于2016年6月拍摄）

图6.5 路易威登当代艺术基金会（来源：斯特凡尼亚·马塞于2015年9月拍摄）

品。该基金会持有永久收藏品并举办文化活动，以提高公众对路易威登支持艺术和文化的认识（图6.6）。

（a）　　　　　　　　　　　　　（b）

图6.6　路易威登当代艺术基金会，丹尼尔·布伦(Daniel Buren)的装置艺术
（来源：斯特凡尼亚·马塞于2016年6月拍摄）

与知名视觉艺术家合作开发限量款系列

路易威登以其艺术合作的多样性和强度而闻名。1988年，艺术家索尔·勒维特和阿尔曼受委托制作了一系列真丝围巾（加斯帕琳娜，等人，2009）。2001年的艺术家斯蒂芬·斯普劳斯和2008年的理查德·普林斯参加了路易威登系列的创作，他们与马克·雅可布一起工作，通过视觉艺术的创作丰富了产品。

路易威登系列设计最重要的联名是2003年和2008年与日本艺术家村上隆的合作，以及2012年与草间弥生的合作。与艺术家的广泛合作关系促成了整条产品线的实现（施罗德，2005）。广泛的交流始终将路易威登标志与两位日本艺术家的代表作品联系起来。接下来的章节将更详细地描述这两位艺术家与品牌的合作。

路易威登与村上隆

毫无疑问，路易威登与村上隆的艺术合作是该品牌所做的最具决定性的合作之一（李，等人，2014）。自2003年以来，这位艺术家多次与奢侈品牌合作。马克·雅可布于2002年在巴黎卡地亚基金会的一场演出中首次看到了村上隆的作品，当时这位日本艺术家正在进行个人回顾展。

第二年，路易威登推出了由马克·雅可布和村上隆合作的第一个系列。这个系列包括村上隆对路易威登标志的再设计。整个系列包括围巾、鞋子、配饰和包。村上隆的加入改变了品牌的各种视觉元素，这可能会对识别路易威登这样一个建立在优雅和经典品味上的品牌声誉产生潜在的不利影响。然而，与视觉艺术家合作产生的这些不良反应尚未得到证实［卢克（Luke），2015］。

2008年，村上隆与路易威登之间的关系更进一步。路易威登借洛杉矶现代艺术博物馆（MOCA）艺术家回顾展的机会，在展览中开设快闪店。快闪店展出了与艺术家合作创作的收藏品，可供游客购买。这种尝试在美国艺术界引起了公愤，尽管在这里对艺术与商业关系的态度比大多数欧洲艺术圈更加开放［马托瑞拉（Martorella），1996；吴，2003］，但博物馆内这种艺术与商业之间的共生通常被认为是对艺术价值的重大违背。

马克·雅可布和村上隆之间的实验合作使该品牌及其目标受众重新焕发活力，也使得路易威登和村上隆合作的产品成为畅销产品（里奥，等人，2013）。

路易威登与草间弥生

鉴于2012年与村上隆合作系列的成功，路易威登与另一位国际知名日本艺术家草间弥生重复了联合品牌战略。马克·雅可布在2006年的日本之行中遇见了草间弥生。这位当年90岁的极富远见的艺术家有着自己的哲学理念，即"地球只是宇宙中的一个小圆点"（克里维利，2012b）。基于这个陈述，人们可以理解为什么几乎她的所有作品都以圆点图案的独特用法为特征。这些圆点无休止地重复代表了艺术与路易威登之间的第一个融合点，即路易威登是一个以其重复的字母组合而闻名的品牌。

草间弥生的项目在早期开始之前受到了一些约束，但随后逐渐扩展，包括赞助活动、旗舰店的橱窗设计以及为衣服、鞋子、包包、配件等整个系列创造新产品。草间弥生及其作品长期以来一直是世界各地主要博物馆举办的重大回顾展的主题［克里维利，2012b；德利·因诺森蒂（Degli Innocenti），2012；草间弥生，2016］。在她和马克·雅可布于2006年首次见面后，她提出在2011年得到赫尔维·麦克罗夫（Hervé Mikaeloff）赞助的要求，赫尔维是路易威登基金会的艺术专家兼策展人（门克斯＆威尔逊，2013）。他们设想了一个由路易威登和草间弥生共同签署的胶囊系列⑦，利用赞助活动的有益协同作用。该合作于2011年实现，当时2012年胶囊系列也正在计划中。路易威登同时赞助了草间弥生在伦敦泰特美术馆（the Tate Gallery）和纽约惠特尼博物馆（the Whitney Museum）举办的回顾活动。它们是之前在巴黎蓬皮杜艺术中心（the Centre Pompidou）和马德里雷纳索非亚博物馆（the Museo Reina Sofia）举办的两次回顾展的延伸（克里维利，2012b）。伦敦的泰特美术馆的展览有18655人参观，路易威登为相关活动和平行项目提供了支持（门克斯＆威尔逊，2013）。

赫尔维·麦克罗夫证实，草间弥生和路易威登于2012年夏天启动的合作，可以说是截至当时奢侈品或时尚公司之中规模最大的艺术合作。其中包括两份合约———一份是草间弥生设计的近1500个橱窗（图6.7和图6.8），另 份是她与马克·雅可布达成的2012年7月和10月的系列合同［犹大（Judah），2013］。表6.3总结了路易威登与村上隆和草间弥生的合作。

图6.7　位于巴黎香榭丽舍大街的路易威登旗舰店橱窗中的草间弥生雕塑
（来源：斯特凡尼亚·马塞于2012年9月拍摄）

图6.8　位于巴黎香榭丽舍大街的路易威登旗舰店橱窗中的草间弥生艺术作品
（来源：斯特凡尼亚·马塞于2012年9月拍摄）

表6.3　与村上隆和草间弥生合作的艺术化策略概览

	艺术活动
产品设计	通过以艺术为基础的系列，路易威登提供与其经典系列截然不同的具有高识别度的产品，如村上隆的色彩诙谐的设计或草间弥生明亮的波尔卡圆点。所有这些藏品都旨在吸引年轻消费者；这就是为什么这些产品的价格"恰到好处"，连体泳衣为225欧元、无限圆点围巾为215欧元，这些价格对路易威登来说非常低廉［韦尔德（Verde），2012］
广告	这些以艺术为基础的收藏通过非传统的广告传播，就像村上隆为路易威登制作的动画短片"Superflat first love"那样；这段视频是一种基于卡通动画风格的交流工具，完全不同于奢侈品牌以往复杂的沟通方式(村上隆，2016)
赞助	洛杉矶当代艺术博物馆的村上隆回顾展；路易威登和村上隆限量版包在一家主要艺术机构内展出和销售，但在博物馆外，同样的包在销售时被认为是假冒产品（里奥，等人，2013）；所讨论的快闪店在博物馆内开张，而在街上出售的仿冒品也是一种不寻常的反奢侈品交流形式。2012年7月在纽约惠特尼当代艺术博物馆举办的草间弥生回顾展；博物馆装饰着带有白色波尔卡圆点的红色气球，让人回想起路易威登和草间弥生合作系列的图案
快闪店与橱窗展示	世界各地商店橱窗的特殊设计；专门为草间弥生系列设计的快闪店；在纽约现代艺术博物馆专门为村上隆的收藏所设计的快闪店；路易威登零售空间的橱窗展示

注：由作者编制。

　　这些艺术合作包括赞助、合作和联名活动，与以前的合作相比参与程度更高。该品牌整个战略方向的支持均促成了与两位日本艺术家的合作，并吸引了大量年轻消费者（里奥，等人，2013）。通过这些艺术合作，路易威登希望其系列的丰富多彩和新鲜设计能吸引新的消费者。在影响了法国本土的精品店管理和艺术方向的发展之后，路易威登的艺术策略也逐渐转向国际认可，正如后文所叙述的那样。

路易威登近期艺术活动

　　2014年，马克·雅可布接管了他的同名品牌后，精品店的艺术指导工作被分配给尼古拉·盖斯基埃，他作为新角色加入后将重新推出马克·雅可布于1997年推出的成衣系列，目前该系列仅占该品牌销售总额的5%［马祖（Matzeu），2015］。高级成衣销售比例的上升与对路易威登商品化的批判有关；品牌联名可以增加销售额并提高品牌知名度，同时不会损害消费者心中的奢侈感。例如，在2014年有6位世界知名艺术家、建筑师和设计师向路易威登的标识致敬，包括辛蒂·雪曼（Cindy Sherman）、川久保玲（Rei Kawakubo）、弗兰克·盖瑞、卡尔·拉格斐、克里斯蒂安·拉布丁（Cristian Laboutin）和马克·纽森（Marc Newson），这些系列与一些有趣的活动相联系。基金会在巴黎"驯化花园"（Jardins d'Acclimatation）开幕的那些日子里，弗兰克·盖瑞（也是2014年系列中一款包的设计者）设计了路易威登商店的橱窗，而蓬皮杜艺术博物馆展出了他的作品回顾展（奢侈品日报，2014）。

尼古拉·盖斯基埃在艺术领域并不像马克·雅可布那样出名，他在成为设计师之前是收藏家。路易威登艺术策略旨在通过艺术的手段将新艺术总监的形象、理念再融入艺术中（迪翁＆阿诺德，2011）。这个策略的一个例子是在伦敦向公众开放的路易威登系列三展览，它融合了时装T台和展览，创意来自天才的、充满灵感的、也是路易威登家族充分信任的创意总监（路易威登，2016c）。

路易威登2016年系列来自尼古拉·盖斯基埃，展示了清新的色彩丰富的设计，旨在吸引更多更年轻的人群，一如草间弥生和村上隆系列所预期的那样。如图6.9所示，2016春夏新品系列涵盖并重新阐述了经典的路易威登标志，正如之前所述，它最初是与艺术家一起完成的。但这一次，品牌标志和图案由法国奢侈品之家的设计师进行修改。

讨论和意义

管理层似乎现在已经认识到并接受了这样一个事实：艺术对企业活

图6.9 位于巴黎香榭丽舍大街的路易威登旗舰店中的尼古拉·盖斯基埃
2016春夏系列（来源：斯特凡尼亚·马塞于2016年6月拍摄）

动具有积极的价值（亚历山大，1996；马托瑞拉，1996）。出于这个原因，投资艺术已被证明是一种可行的策略，它可以帮助建立有利于品牌的文化基础设施，进而提升品牌形象［赫茨罗尼（Hetsroni）& 图卡钦斯基（Tukachinsky），2005］。奢侈品牌越来越多地采用艺术化策略。这种方法见效于联名活动，使品牌与艺术家以连贯和协同的方式合作。尽管大规模生产和遍布全球的零售商店广泛地供应商品，但通过人工制品与艺术界的联系有助于奢侈品牌保持其声望和独特性。品牌基于艺术策略将自身的形象与艺术品的地位联系起来，从而保持奢侈品的"稀有性"。

香奈儿、爱马仕和普拉达等主要奢侈品牌都坚持以艺术为重点的战略（魏德曼 & 亨宁斯，2013）。所有这些奢侈品牌都管理经营着与艺术的不同接触点，如赞助、慈善活动与艺术家的合作产品系列和广告，以及企业收藏。然而，它们还没有达到路易威登的战略水平，特别是关于艺术家胶囊系列的创作（马塞，2016）。事实上，奢侈品集团路威酩轩追求的是一种典型的基于艺术的策略。它通过各种活动管理与艺术界的联系，如巴黎大皇宫（Grand Palais）装置艺术展"纪念碑"（Monumenta），自2007年以来每年都会展出最知名的当代国际艺术家的作品（大皇宫，2016）。与此同时，相关赞助活动还会通过举办校园活动激发青年学生对艺术和文化的好奇心与热情。其他支持年轻人才的举措包括LVMH青年时装设计师大奖赛、发展传统手工艺职业的卓越工艺学院（Institut des Métiers d'Excellence）以及旨在促进时尚摄影领域的年轻创意人才的耶尔国际时装与摄影节（路威酩轩，2016b）。

路威酩轩集团为旗下的70个奢侈品牌均注入了"艺术"光环，但这种以艺术为基础的策略在品牌路易威登中达到了最大程度的体现。在过去的20年里，路易威登通过慈善、赞助和艺术合作将其支持活动扩展到艺术领域，这些合作以品牌联名的形式推出限量版的产品系列（施罗德，2005）。而与艺术家一起实现成衣胶囊系列将使奢侈品牌在增加销售额的同时避免商品化的陷阱（里奥，等人，2013）。对于与村上隆和草间弥生的合作，这种反商品化效应似乎已经成功了，因为限量的系列产品已令消费者崇拜追捧，甚至通过艺术品拍卖行作为限量作品的销售渠道［苏富比拍卖行（Sotheby's），2016］。

公司内部聘请的艺术专家使得与博物馆的合作更加顺畅，并能更好地与艺术界进行合作。路易威登中艺术爱好者的例子有赫尔维·麦克罗夫（内部策展人）、马克·雅可布、圣·卡斯利、伯纳德·阿诺特和本文的受访者玛丽·安格·穆朗格。这些专家完全支持艺术家的活动并组织展览活动，如路易威登当代艺术基金会。

路易威登以艺术为基础的策略将不断发展以提高成衣销售的利润率，特别是通过与艺术家实现胶囊系列以去除商品化。由于最近路易威登管理和艺术方向的结构变化，企业中有关艺术相关的战略也将变化为更加注重文化与艺术（马塞，2016）。正如巴黎路易威登文化空间部总监所表明的那样，世界上很快就会出现更多的文化空间。新空间的个人活动将由新的艺术文化部和东京文化空间部总监领导。不过，正如公司使命所述：艺术和文化将继续作为品牌中心战略活动的组成部分。

同时感谢路易威登基金会的知名艺术家们，让消费者有可能购买奢侈品并在零售空间欣赏艺术展览，让法国奢侈品公司走上正轨并成为当代艺术和奢侈品领域最杰出的奢侈品品牌。

注　释

① 商品化对整个公司来说都是一种威胁："商品的竞争地位受到侵蚀，因此它无法在市场上获得高价。无论是由新的低成本竞争对手［如快时尚品牌飒拉（Zara）］，还是新产品的创新或引入多种替代品和模仿者引起"（戴维尼，2010，第2页）。

② 作为战后亚洲最著名的艺术家之一，人称"日本沃霍尔"的村上隆以其当代流行音乐艺术和流行文化的融合而闻名；该艺术家于1962年出生于东京，现仍在东京开展业务［艺术品电商平台（Artsy），2016a］。

③ 前卫的日本艺术家草间弥生是战后纽约艺术界的重要影响因素，上演了挑衅性的艺术行为，并展出了诸如"无限的网（Infinity Nets）"等作品。这位1929年出生于松本市的日本艺术家仍然活跃在东京（艺术品电商平台，2016b）。

④ 不仅在欧洲、美洲、亚洲和中东地区开展业务，精品零售店也活跃于两个领域：为国际旅行者客户提供零售服务（DFS环球免税店和迈阿密游轮线）；以及以丝芙兰为代表的精品零售概念，这是美妆世界中最具创新性的品牌；还包括位于巴黎的有着独特氛围的乐蓬马歇百货公司（Le Bon Marché Rive Ganche）。

⑤ 旅行是路易威登品牌的核心精髓之一。由于旅行是一种生活方式，路易威登将自身视为一种将旅行行为转变为艺术的品牌。

⑥ 绝大多数劳动力由称为马洛奎尼尔（maroquiniers）的熟练操作员组成，代表着直接管理的劳动力。

⑦ 胶囊系列本质上是设计师的定制版本，通常是限量版，凌驾于季节和趋势之上［莫顿（Morton），2016］。

参考文献

［1］ Alexander, V. D. (1996). From philanthropy to funding: The effects of corporate and public support on American art museums. *Poetics, 24*(2–4), 87–129. doi:10.1016/0304-422X(95)00003-3

［2］ Artsy. (2016a). Takashi Murakami. Retrieved from https://www.artsy.net/artist/takashi-murakami

［3］ Artsy. (2016b). Yayoi Kusama. Retrieved from https://www.artsy.net/artist/yayoi-kusama

［4］ Bonacorsi, I. (2014). Olafur Eliasson: Contact. *Domus web*. Retrieved from http://www.domusweb.it/it/arte/2014/12/18/olafur_eliasson_contact. html

［5］ Cavender, R. C., & Kincade, D. H. (2014). Management of a luxury brand: Dimensions and sub-variables from a case study of LVMH. *Journal of Fashion Marketing and Management, 18*(2), 231–248. doi: 10.1108/JFMM-03-2013-0041

［6］ Crivelli, G. (2012a). Louis Vuitton apre la prima maison a Shangai. Il ceo Carcelle: Le prossime tappe sono Pechino e Hangzhou. Retrieved from http://

www. moda24.ilsole24ore.com/art/retail-web/2012-07-18/louis-vuitton-apreprima-110957.php?uuid=AbB61h9F

［7］ Crivelli, G. (2012b). A New York Louis Vuitton cresce con l'arte di Yayoi Kusama. Retrieved from http://www.moda24.ilsole24ore.com/art/stilitendenze/2012-07-11/ york-louis-vuitton-cresce-164931.php?uuid=AbB7pD6F

［8］ Crivelli, G. (2014). Addio a Carcelle, pioniere e mecenate che ha creato la 'nuova' Louis Vuitton. Retrieved from http://www.moda24.ilsole24ore.com/art/industria-finanza/2014-09-02/-carcelle-pioniere-e-mecenate-che-ha-creatonuova-louis-vuitton-114223.php?uuid=ABRXdcpB

［9］ D'Aveni, R. (2010). *Beating the commodity trap: How to maximize your competitive position and increase your pricing power.* Boston, MA: Harvard Business Publishing.

［10］ Daily, L. (2014). Louis Vuitton teases art center opening with multimedia runway show. Retrieved from http://www.luxurydaily.com/louis-vuitton-teases-artcenter-opening-with-multimedia-runway-show/

［11］ Degli Innocenti, N. (2012). Yayoi Kusama invade Selfridges. Retrieved from http://www.moda24.ilsole24ore.com/art/retail-web/2012-08-22/yayoikusama-invade-selfridges-160046.php?uuid=AbAPD9RG&fromSearch

［12］ Dion, D., & Arnould, E. (2011). Retail luxury strategy: Assembling charisma through art and magic. *Journal of Retailing, 87*(4), 502–520. doi:10.1016/j.jretai.2011.09.001

［13］ Dubois, B., Laurent, G., & Czellar, S. (2001). Consumer rapport to luxury: Analyzing complex and ambivalent attitudes. *Les Cahiers de Recherche, 33*(1), 1–56. Retrieved from http://www.hec.fr/var/fre/storage/original/application/5ecca063454eb4ef8227d08506a8673b.pdf

［14］ Eliasson, O. (2015). Eye see you. Retrieved from http://olafureliasson.net/archive/artwork/WEK100607/eye-see-you

［15］ Frankel, S. (2012, February 11). An American in Paris: Marc Jacobs' 15 years at Louis Vuitton. *Independent*. Retrieved from http://www.independent.co.uk/life-style/fashion/features/an-american-in-paris-marc-jacobs-15-years-atlouis-vuitton-6668107.html

［16］ Gasparina, J., O'Brien, G., Igarashi, T., Luna, I., & Steele, V. (2009). *Louis*

Vuitton: Art, fashion and architecture. New York: Rizzoli.

［17］Heinich, N., & Shapiro, R. (2012). *De l'artification—Enquêtes sur le passage à l'art. Cas de figure*. Paris: EHESS.

［18］Hetsroni, A., & Tukachinsky, R. H. (2005). The use of fine art in advertising: A survey of creatives and content analysis of advertisements. *Journal of Current Issues & Research in Advertising (CTC Press), 27*(1), 93–107. doi:10.1080/1064 1734.2005.10505176

［19］Interbrand. (2016). Best global brands 2015. Retrieved from http://interbrand. com/best-brands/best-global-brands/2015/ranking/

［20］Joy, A., Wang, J. J., Chan, T.-S., Sherry Jr., J. F., & Cui, G. (2014). M(art)worlds: Consumer perceptions of how luxury brand stores become art institutions. *Journal of Retailing, 90*(3), 347–364. doi:10.1016/j.jretai.2014.01.002

［21］Judah, H. (2013). Inside an artist collaboration. Retrieved from www.businessof fashion.com/articles/intelligence/inside-an-artist-collaboration

［22］Kapferer, J. N. (2012). Abundant rarity: the key to luxury growth. *Business Horizons, 55*(5), 453–462. doi:10.1016/j.bushor.2012.04.002

［23］Kapferer, J. N. (2014). The artification of luxury: from artisans to artists. *Business Horizons, 57*(3), 371–380. doi:10.1016/j.bushor.2013.12.007

［24］Keller, K. L., & Lehmann, D. (2003). How do brands create value?. *Marketing Management, 12*(3), 26–31.

［25］Kusama, Y. (2016). Information. Retrieved from http://www.yayoi-kusama.jp/e/ information/

［26］Lee, H. C., Chen, W. W., & Wang, C. W. (2014). The role of visual art in enhancing perceived prestige of luxury brands. *Marketing Letters, 26*(4), 593– 606. doi:10.1007/s11002-014-9292-3

［27］Luke, B. (2015, February 20). The many moods of Takashi Murakami. *Sotheby's*. Retrieved from http://www.sothebys.com/en/news-video/blogs/all-blogs/ sotheby-s-magazine–march-2015/2015/02/takashi-murakami-louis-vuitton. html

［28］LVMH. (2011). Investors publications. Retrieved from https://www.lvmh.com/ investors/publications/

［29］LVMH. (2015). Investors publications. Retrieved from https://www.lvmh.com/ investors/publications/

［30］ LVMH. (2016a). Group about. Retrieved from https://www.lvmh.com/group/about-lvmh/the-lvmh-spirit/

［31］ LVMH. (2016b). Group about. Retrieved from https://www.lvmh.com/houses/#wines-spirits

［32］ LVMH. (2016c). Houses. Retrieved from https://www.lvmh.com/houses/

［33］ LVMH. (2016d). LVMH commitments art-culture. Retrieved from https://www.lvmh.com/group/lvmh-commitments/art-culture/

［34］ Martorella, R. (1996). *Arts and business: an international perspective on sponsorship.*Westport, CT: Greenwood Publishing Group.

［35］ Masè, S. (2016). *Art & business: From sponsorship and philanthropy to the contemporary process of artification.* Unpublished doctoral dissertation. Sorbonne & Macerata Universities, Paris.

［36］ Matzeu, E. (2015). Come va Nicolas Ghesquière da Louis Vuitton. Retrieved from http://www.ilpost.it/2015/10/09/nicolas-ghesquiere-louis-vuitton/

［37］ Menkes, S., & Wilson, E. (2013). Marc Jacobs to leave Louis Vuitton. *The New York Times.* Retrieved from http://www.nytimes.com/2013/10/02/fash ion/marc-jacobs-to-leave-louis-vuitton.html?_r=0

［38］ Morton, C. (2016). Fashion A-Z. *Business of fashion.* Retrieved from https://www.businessoffashion.com/education/fashion-az/capsule-collections

［39］ Murakami, T. (2016). *Louis Vuitton x Takashi Murakami Superflat First Love* [Video file]. Retrieved from https://vimeo.com/5198631

［40］ Naukkarinen, O. (2012). Variations in artification. Retrieved from http://www.contempaesthetics.org/newvolume/pages/journal.php?volume=49

［41］ Navigator, L.. (2005). High heels—chez Louis Vuitton Paris. Retrieved from http://www.lifestylenavigator.de/?p=165

［42］ Palais, G. (2016). Monumenta 2016 Huang Yong Ping. Retrieved from http://www.grandpalais.fr/en/event/monumenta-2016-huang-yong-ping

［43］ Riot, E., Chamaret, C.,&Rigaud, E. (2013).Murakami on the bag: Louis Vuitton's decommoditization strategy. *International Journal of Retail & Distribution Management, 41*(11/12), 919–939. doi:10.1108/IJRDM-01-2013-0010

［44］ Rodriguez-Ely, N. (2014). Culture is the word at Louis Vuitton. Retrieved from http://observatoire-art-contemporain.com/revue_decryptage/analyse_a_ decoder.

php?langue=en&id=20120589

［45］ Schroeder, J. E. (2005). The artist and the brand. *European Journal of Marketing,* *39*(11/12), 1291–1305. doi:10.1108/03090560510623262

［46］ Sotheby's. (2016). The best of Louis Vuitton's artist collaborations.Retrieved from http://www.sothebys.com/en/news-video/slideshows/2015/louisvuitton-birthday-best-artist-designer-collaborations.html#slideshow/2015. louis-vuitton-birthday-best-artist-designer-collaborations/7

［47］ Spindler, A. M. (1997, January 7). Vuitton and Jacobs seen in ready-to-wear deal. *The New York Times.* Retrieved from http://www.nytimes.com/1997/01/07/style/vuitton-and-jacobs-seen-in-ready-to-wear-deal.html

［48］ Verde, S. (2012). Cercate Yayoi Kusama? È da Vuitton. Retrieved from http://www.huffingtonpost.it/simone-verde/cercate-yayoi-kusama-e-da_b_1961100.html

［49］ Vigneron, F., & Johnson, L. W. (1999). A Review and a conceptual framework of prestige-seeking consumer behavior. *Academy of Marketing Science Review,* *1999*(1), 1–15.

［50］ Vigneron, F., & Johnson, L. W. (2004). Measuring perceptions of brand luxury. *Brand Management, 11*(6), 484–506. doi:10.2466/pms.1991.72.1.329

［51］ Viguie-Desplaces, P. (2015). Louis Vuitton pose ses malles à Asnières-sur-Seine. Retrieved from www.lefigaro.fr/lifestyle/2015/06/29/30001-20150629ARTIFIG00268-louis-vuitton-poses-ses-mailles.php

［52］ Vuitton, Louis. (2016a). Gli Amici della Maison. Retrieved from http://it.louisvuitton.com/ita-it/arte/gli-amici-della-maison

［53］ Vuitton, Louis. (2016b). Art wall. Retrieved from http://eu.louisvuitton.com/eng-e1/art/art-wall

［54］ Vuitton, Louis. (2016c). Series 3 exhibition London. Retrieved from http://fr.louisvuitton.com/fra-fr/mode/series-3-exhibition-london#exhibition

［55］ Weidemann, K. P., & Henningss, N. (2013). *Luxury marketing a challenge for theory and practice.* Wiesbaden: Springer Gabler. doi:10.1007/978-3-8349-4399-6

［56］ Wu, C. T. (2003). *Privatizing culture: Corporate art intervention since the 1980s* (2nd ed.). London: Verso.

作者简介

斯特凡尼亚·马塞博士是波城和阿杜尔城大学的兼职教授，她在那里教授市场营销和国际营销。她还是意大利马切拉塔大学的营销绩效学教授。她目前的研究方向包括奢侈品、消费行为和文化艺术营销。

埃琳娜·塞德罗拉是意大利马切拉塔大学的副教授，教授管理和国际营销。她还是意大利米兰圣心天主教大学国际营销学的教授。并曾于2014～2017年赴北京师范大学（中国）担任访问学者，2014～2015年赴巴黎索邦大学（法国）担任访问学者。其研究领域为中小型企业的跨国管理和营销。她的学术贡献是广泛且有意义的，包括期刊出版物、演讲、主题演讲、讲座和研讨会。她的最新研究集中在工业领域的原产国。

词汇索引

图片索引

图1.4 位于意大利米兰曼左尼路（Manzoni road）上的阿玛尼咖啡厅（Armani Caffé）、花店（Armani Fiori）、酒店（Armani Hotel and Ristorante）（由左至右）（来源：埃琳娜·塞德罗拉2016年4月摄于米兰）

图2.2 哈蒙布莱恩咖啡厅意大利罗通多港店（来源：哈蒙布莱恩官网）

图2.3 哈蒙布莱恩专卖店实景（来源：哈蒙布莱恩官网）

| 米兰旗舰店 | 马德里旗舰店 | 布拉格旗舰店 |

图2.4 哈蒙布莱恩位于米兰、马德里、布拉格的旗舰店（来源：哈蒙布莱恩官网）

图2.12 哈蒙布莱恩在中国的户外广告（来源：哈蒙布莱恩官网）

图3.1 传统工艺开发的钩针鞋面（来源：萨瓦托·菲拉格慕博物馆存档）

图3.2 文纳为萨瓦托·菲拉格慕绘制的海报（来源：萨瓦托·菲拉格慕博物馆存档）

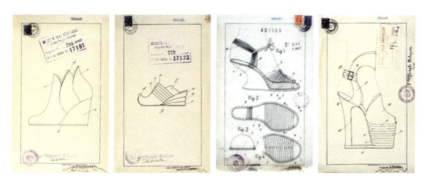

图3.3　不同形状的鞋跟（来源：萨瓦托·菲拉格慕博物馆存档）

图3.4　印有斯宾尼·费罗尼宫图案的菲拉格慕围巾
（来源：萨瓦托·菲拉格慕官网，检索于2015年12月16日）

图3.5　帮女性试鞋的菲拉格慕（来源：萨瓦托·菲拉格慕博物馆存档）

图4.1 托德斯总部（来源：拖德斯集团官网的托德斯集团档案，2015）

图4.3 豪格的标志性产品——"Traditional"系列（左）和"Interactive"系列（右）
（来源：豪格官网）

图4.4 罗杰·维威耶的标志性产品——方扣粗跟鞋
（来源：托德斯集团档案，2015）

图4.5　托德斯通过书籍《意大利肖像》(*Italian Portraits*) 讲述品牌故事

（来源：托德斯集团档案，2015）

图4.6　托德斯通过书籍《意大利格调》(*Italian Touch*) 讲述品牌故事

（来源：托德斯集团档案，2015）

图4.7　托德斯通过书籍《神话中的一个神话》讲述品牌故事

（来源：托德斯集团档案，2015）

图5.2 普拉达在东京（左）和纽约（右下）的中心概念店，以及米兰埃马努埃莱二世拱廊（右上）的新门店［来源：由克劳迪娅·帕努齐奥（Claudia Panunzio）（东京）、埃琳娜·塞德罗拉（米兰）和伊娜·利特维诺娃（Inna Litvinova）（纽约）拍摄］

图6.1 巴黎路易威登旗舰店的个性化空间
（来源：斯特凡尼亚·马塞于2016年6月拍
摄；销售人员用于刻印客户姓名的工具）

图6.4 路易威登在巴黎香榭丽舍大街
（Champs Elysées）的旗舰店中的书店（来
源：斯特凡尼亚·马塞于2016年6月拍摄）

图6.5 路易威登当代艺术基金会
（来源：斯特凡尼亚·马塞于2015年9月拍摄）

图6.3 路易威登在意大利最著名的
时尚大街——米兰蒙特拿破仑街
（Montenapoleone Street）的门店
（来源：埃琳娜·塞德罗拉于
2016年3月拍摄）

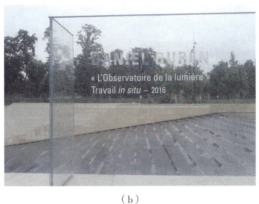

（a）　　　　　　　　　　　　　　　　（b）

图6.6　路易威登当代艺术基金会，丹尼尔·布伦(Daniel Buren)的装置艺术

（来源：斯特凡尼亚·马塞于2016年6月拍摄）

图6.7　位于巴黎香榭丽舍大街的路易威登旗舰店橱窗中的草间弥生雕塑

（来源：斯特凡尼亚·马塞于2012年9月拍摄）

图6.8 位于巴黎香榭丽舍大街的路易威登旗舰店橱窗中的草间弥生艺术作品

（来源：斯特凡尼亚·马塞于2012年9月拍摄）

图6.9 位于巴黎香榭丽舍大街的路易威登旗舰店中的尼古拉·盖斯基埃2016春夏系列

（来源：斯特凡尼亚·马塞于2016年6月拍摄）

表格索引

译后记

时尚品牌与传播密不可分。尤其在当今多媒体融合的背景下，商业品牌的传播对产业升级与品牌国际化起到至关重要的作用。

从社会层面看，时尚是一个意义系统，是一种观念、价值观，不同的历史阶段、不同的社会和习俗背景、不同的国家和民族对时尚的理解各有不同。因此，在时尚品牌国际化过程中，如何跨越文化藩篱，将全球消费者纳入一个审美和消费习惯体系中，如何通过设计、艺术、科技和零售经验的有机整合，建构品牌价值与品牌认同，决定了品牌国际化的成与败。本书展示了很多奢侈品与时尚产业中的精彩案例，对时尚品牌运营者和传播者来说具有一定的启发性。

有幸受中国纺织出版社有限公司的邀请，与浙江理工大学的任力教授，北京服装学院的李傲君副教授共同完成该书的翻译工作。其中，特别感谢任力教授担任该书的统稿工作，北京服装学院中外服饰文化研究中心主任郭平建教授担任该书的总审校。另外，北京服装学院的17级硕士生刘一鸣和闫敏、18级硕士生孙聪聪参与了该书的部分初稿工作。该书的出版还得到了"北京市教委社科项目"（编号：SM201810012003），"北京市属高等学校高层次人才引进与培养计划项目"（编号：RCQJ02140206/004）、"北京服装学院高水平教师队伍建设"专项资金（编号：BIFTTD201803）的支持，以及北京服装学院党委领导和校领导、北京服装学院时尚传播学院领导的支持。

"他山之石，可以攻玉。"在时尚品牌传播的实践与研究进程中，兼容并蓄，守正出奇；在吸收与借鉴的过程中，不断成长与壮大，也许会给我们更多的成功机会。

很荣幸在时尚传播研究的道路上，能得到各位专家的支持，能与各位同仁共勉！

赵春华

于北京服装学院

2020年6月1日